매일매일
노트필기
공부법

**매일매일
노트필기
공부법**

초판 발행 2020년 9월 21일

지은이 신윤정, 장혜영, 김정선, 성정은 공저
발행인 윤미현
발행처 북코디
등 록 2006년 4월 7일 제2006-30호
주 소 서울시 서초구 신반포로47길 33-2 대광빌딩
전 화 02-511-3863
팩 스 0505-115-3863

ISBN 979-11-959949-7-7 13370
정 가 14,800원

총괄 윤미현
진행·편집 김경미
디자인 지와수플러스

공부법을 찾는 학생들에게 좋은 길잡이가 되어줄 책

쉽게 들을 수 없는 순도 100% 상위권 학생들의 경험이 아낌없이 녹아 있습니다. 고학년이 될수록 단순히 많은 시간을 투자한다고 좋은 성적을 받는 것이 아닙니다. 결국 자신에게 맞는 차별화된 공부법을 확립하는 것이 중요합니다. 이 책은 공부법에 있어 아직 갈피를 잡지 못하고 있는 학생들에게 훌륭한 자극제와 길잡이가 되어줄 것입니다.

(전 상일고 영어교사, 김영준 선생님)

공부에 대한 동기부여를 해 준 책

자기주도 학습력이 형성되지 않아 시험 때만 되면 벼락치기에 여념이 없던 우리 딸이 이제 평소에도 공부를 해야겠다고 하고 학교에서 공부한 것을 복습뿐 아니라 노트필기를 해야겠다고 말합니다. 왜 필기를 해야 하는 지도 알겠다고 하구요. 평소에 꼼꼼하게 챙겨주지 못해 아쉬운 면이 있었는데 이 책으로 많은 도움을 받게 되었답니다.

(인터파크, aj***)

"책을 주문하고 천천히 읽어보았습니다. 곧 중학교에 들어가는데 자기주도 학습을 해보는 게 어떻겠냐는 엄마의 제안에 두려웠어요. 하지만 이 책을 통해 자신감을 얻어서 중학교에 가면 학원도 끊고 열심히 책에 나온 공부팁들을 실천해 보려고 합니다. 이 책이 저에게 자신감을 심어줬습니다."

(북코디 블로그, love 님)

"중1 평범한 여중생입니다. 평소 좋아하는 블로거가 집필했단 이유로 이 책을 샀습니다. 하지만 이 책, 안 샀으면 후회할 뻔 했네요.^^ 이 책을 읽으면서 주요 내용은 밑줄을 그어 가며 공부한다는 느낌으로 열심히 읽었습니다. 노트필기 방법도 하나하나 알아가면서 저에게 맞는 공부 방법을 찾을 수 있을 것 같습니다. 앞으로 이 책을 활용해 성적을 꼭 올려보고 싶네요.^^ 강추입니다."

(북코디 블로그, mouse1217님)

"학생 블로거들이 쓴 공부법 책이라 공감이 많이 갑니다. A4 사용법이나 여러 학생들의 노트필기공부법 등을 볼 수 있어서 도움이 많이 됩니다. 또한 필기 사진들이 많아 읽는 재미까지 더해 줍니다. 강추!"

(북코디 블로그, 내 오리 님)

"저는 예비 고1입니다. 이 책을 읽어 보니 영어나 수학같은 주요 과목 외에도 자기주도 학습을 할 때 도움이 될만한 많은 공부 비법을 알려 주고 있습니다. 흥미롭게 볼 수 있었던 유익한 책이라고 생각합니다."

(북코디 블로그, 11chlalfla 님)

"공부 블로거들이 쓴 책이라 같은 학생이기도 하고 공감되거나 도움 받을 것이 많을 것 같아서 이 책을 구매했습니다. 구매한 결과 너무너무 흡족합니다. 남을 모방하는 공부법을 많이 따라 했는데, 이제는 제 공부법을 찾아가려 합니다. 이 책을 보고 나서 전교 등수도 40등이나 올랐습니다. 기적적인 일이죠? 좀 창피하지만 영어 점수가 91점까지 올랐답니다. 사교육을 전혀 받지도 않은 저에게 이런 자기주도 학습을 이끌어 준 이 책이 정말 고마울 따름입니다!"

(북코디 블로그, 또랑아쥬)

"공부법은 누가 정해 주는 것이 아닙니다."

신윤정(젤라)

인터넷에 '블로그'라는 저만의 공간을 통해 소소한 공부 흔적을 공유한 지 어느덧 1년 반이라는 시간이 흘렀습니다. 저에 대한 자신감도 의지도 많이 부족했던 고등학교 1학년 시절, 블로그를 통해 알게 된 수많은 이웃들로부터 분에 넘치는 칭찬과 관심을 받았고 종종 좋은 포스팅으로 보답하고자 하나하나 올렸던 글들이 이런 뜻깊은 결실을 맺게 되어 매우 기쁩니다.

공부 블로그나 공부법 관련 서적을 보면서 자신의 부족한 부분을 보완할 수 있는 기회를 얻는다는 것은 반복되는 일상과 공부에 지친 학생들에게 좋은 동기부여가 됩니다. 하지만 다른 사람의 공부법을 무차별적으로 따라 해 보고 그대로 베끼기만 하는 행동은 오히려 독이 될 수 있습니다.

이 책은 4명의 학생 블로거가 현재까지 공부하면서 시도해 보고 실천했던 노트필기 방법을 정리해 놓았습니다. 그래서 독자들이 이미 알고 있는 방법들이 소개될 수도 있고 전혀 생각해 보지 못했던 방법들도 있습니다. 즉, 이 책에 있는 모든 방법들이 모든 학생들에게 적합하지 않을 수 있기 때문에 모두 실천해 보는 것보다 자신에게 맞는 방법에 대한 아이디어를 얻어서 스스로의 공부법을 개발하는 데에 도움이 되었으면 하는 바람입니다.

블로그 내에서도 언제나 언급하였지만 저는 특별한 사람이 아닌 대한

민국의 평범한 여고생입니다. 사실 이런 글을 쓰면서도 '과연 내가 이 글을 쓸 자격이 있을까?'라는 생각을 여러 번 하는 소심한 학생이기도 합니다. 하지만 저의 부족한 블로그를 보고 때로는 공부 의지를 불태우고, 때로는 반성하는 멋진 친구들을 보면서 나도 누군가에게 조금이나마 도움이 될 수 있지 않을까 해서 용기를 내었습니다. 미래에는 지금보다 더 떳떳한 위치에서 이 책을 보며 학창시절을 회상하고 입가에 옅은 미소를 지을 수 있는 그런 사람이 되어야겠다는 생각이 듭니다.

　마지막으로 현재를 즐길 수 있는 지금의 저를 만들어 준 부모님을 비롯한 주변 지인들과 이웃 분들께 진심으로 감사의 말을 전합니다. ^_^

After

2012년, 부푼 마음으로 한 문장 한 문장 적어나갔던 게 엊그제 같은데 벌써 8년이라는 시간이 흘렀습니다. 당시 고등학생이었던 저는 어느덧 대학을 졸업하고 사회인이 되었습니다. 평생 공부가 필요한 시대에 살고 있는 만큼 대학병원에서 간호사생활을 했던 과거에도, 스타트업 회사에서 직장인 생활을 하는 지금도 저에게 있어 노트필기는 떼어 놓을 수 없는 친구와도 같은 존재입니다.

돌이켜보니 학창시절부터 필기하고 정리하는 습관을 들였던 것이 크고 작지만 제 삶을 변화시켰네요. 그저 스쳐지나갈 수 있었던 소중한 것들을 더 많이 기억하고 추억할 수 있었으며, 다른 사람들에게 체계적이고 준비성 있는 사람으로 비춰져 좋은 인상을 심어 주기도 했습니다.

단지 1, 2년의 짧은 학업을 위해 이 책을 읽는 것이 아니길 바랍니다. 꾸준하고 효율적인 노트필기를 해왔던 저는 현재 연필과 종이가 없는 상황에서도 매순간 중요한 것들을 추려내는 것이 익숙하거든요.

그 시절 치열하게 써내려갔던 모든 것들이 현재의 저를 만들었듯이 이 책을 통해 당신의 미래가 조금이나마 구체적으로 그려지길 바랍니다. 감사합니다.

"상상할 수 없는 꿈을 꾸고 있다면, 상상할 수 없는 노력을 하라"

장혜영(학다오)

사람들은 모두 이루고자 하는 목표를 갖고 살아갑니다. 그런데 그 목표가 너무 멀리 있다고 좌절하는 사람들을 많이 봅니다. 정말 이루기 힘들다고 생각되는 목표라면, 그 목표를 이루기 위해 상상할 수 없을 만큼의 노력을 쏟아 부으면 됩니다. 그래서 저는 '상상할 수 없는 꿈을 꾸고 있다면, 상상할 수 없는 노력을 하라'를 좌우명으로 삼았습니다.

그런데 만약, 그만큼의 노력을 했음에도 불구하고 목표를 이루지 못했다면 어떻게 해야 할까요? 저는 목표를 이루기 위해 할 수 있는 한 가장 열심히 공부한 적도 있고, 그럼에도 불구하고 목표를 이루지 못하기도 했답니다. 경험해 보니 그만큼의 노력을 한 것도 중요하지만, 그 결과를 어떻게 받아들이느냐가 더 중요한 것 같습니다. 이루지 못했다고 그대로 좌절해 버리면 그 사람은 앞으로 어떠한 일이든 도전하기 힘들어집니다. 실패할까봐 두렵기 때문입니다.

저는 고입을 위해 많이 노력했지만 목표를 이루는 데에 실패했습니다. 처음에는 많이 힘들었지만 또 다른 길을 찾았고 그 길을 가기 위해 지금 다시 노력하고 있답니다. 저의 최종 목표는 좋은 고등학교 또는 좋은 대학교에 진학하는 것이 아닌, 제 꿈을 이루는 것입니다. 자신의 최종 목표를 확실히 하고 어떠한 노력이든 할 수 있는 사람이라면 좌절하지 않고 계속 앞으로 나아갈 수 있습니다. 어떤 길로 가는 것에 실패했다면 더 좋은 다른 길이 있기에 그 길을 찾아 한 발자국 내딛어야 합니다.

이 책을 읽고 있는 많은 분들도 목표를 향해 상상할 수 없는 노력을 하면서 앞으로 나아가길 바랍니다. 마지막으로 이 책을 쓰는 동안 많이 응원해 준 영일중학교 반 친구들과 담임 선생님께 정말 감사드립니다.

After

안녕하세요 학다오입니다. 이 인사말로 블로그를 운영하고, 책을 쓰게 된 게 벌써 10여년 전입니다. 2012년에 이 책이 세상에 나왔을 때 저는 중학교 3학년이었는데 개정판이 출간되는 지금은 대학 졸업을 앞두고 있습니다. 오랜 기간 많은 분들의 사랑을 받아 개정판까지 나오게 되어 정말 기쁩니다.

블로그를 운영하기 시작했을 때부터 저는 다른 사람들에게 긍정적인 영향을 끼치는 사람이 되고 싶다는 것이 목표였습니다. 블로그를 통해 그 목표를 조금 이뤘다면, 책을 통해서 더 많이 이룰 수 있게 되었습니다. 이 책 덕분에 아는 것을 나누는 즐거움을 느끼게 되었고, 그 후 공부하기 힘들 때 큰 동기부여가 되어 주었으며, 진로 설정에도 정말 큰 영향을 미쳤습니다.

책이 출간되고 8년 정도의 시간이 흐르는 동안 저에게는 크고 작은 많은 변화가 있었지만, 지금도 여전히 저는 같은 목표를 생각하며 공부하고 있습니다. 블로그나 책보다 더 직접적으로 도움을 줄 수 있는 일을 하고 싶어서 선생님이 될 수 있는 사범대학교에 진학을 했고, 지금도 수학 선생님이 되기 위해 공부하고 있습니다. 어쩌면 이 책을 읽는 여러분들과 언젠가 선생님과 학생으로 만나게 될지도 모른다는 즐거운 상상을 해 봅니다.

공부 방법에 정답은 없다고 생각해요. 저도 많은 시행착오를 거쳤고 그 결과 저에게 맞는 방법을 찾을 수 있었습니다. 다만, 그때 나에게도 이런 책이 있었다면 시행착오를 조금 줄일 수 있지 않았을까 생각합니다. 여러분들에게 이 책이 앞으로 공부하면서 겪을 시행착오를 줄여 주고, 가끔 막막할 때 꺼내서 힘을 얻어갈 수 있는 그런 책이 되길 바랍니다. 앞으로 하는 모든 일이 다 잘 되길 응원하겠습니다.

"실패를 두려워하지 말고
거침없이 도전하세요!"

김정선(서원)

정말 반갑습니다. 공부법 책을 즐겨 읽던 제가 저만의 공부 방법을 책에 담아낸다고 하니 아직도 얼떨떨하네요. 처음 책 출간 제의가 들어왔을 때 마음속으로는 'Yes!'를 외치고 있었지만 저는 손가락에 꼽히는 최상위권 학생도 아니고 3학년 들어 성적이 좋지 않은 터라 많이 망설였습니다. 하지만 그동안의 경험을 통해 얻게 된 노하우가 공부를 이제 시작하는, 혹은 자신의 공부 방법을 찾고 있는 사람들에게 조금이나마 도움이 될 수 있다는 생각이 들어 큰 용기를 내었습니다.

저를 포함해서 대부분의 사람들은 어떤 일을 시작하기 전에 많이 망설입니다. '잘 할 수 있을까?' 하고 자신에게 되묻고는 결국 부정적인 결론을 내리고 맙니다. 이런 일이 여러 번 반복되면 '나는 역시 안 돼.' 하며 자괴감에 빠지게 되고, 다른 무언가를 시작할 때도 생각이 많아져 자신의 가능성에 한계라는 선을 그어버립니다.

도전을 망설이지 말고 실패를 두려워하지 마세요. 여러분 자신을 믿고 여러분이 생각한 그 길을 향해 거침없이 도전하세요. 저와 지금 이 책을 읽기 시작한 여러분들은 아직 시작도 하지 않았습니다. 지금은 시작을 위해 준비하는 단계이고, 이 과정에서 '실패'라는, 또는 '좌절'이라는 쓴 맛을 느끼는 것은 당연합니다. 하지만 주저앉아 버리거나 자신의 가능성에 물음표를 던지지 마세요. 끊임없이 개선하고 도전하며 한 단계씩 발전시켜 나아간다면 훗날 우리는 반드시 멋지고 아름다운 결실을 맺을 수 있습니다.

마지막으로, 이 책이 여러분의 공부에 흥미를 불어넣어 주고, 자신의 공부법이나 필기 방법을 찾기 위한 나침반이 되기를 바랍니다. 그럼 오늘도 힘차게, 다시 한번 시작해 볼까요?

After

안녕하세요. 꾸준히 나아가고 있는 김정선입니다. 애정하는 블로그에 담아온 노트필기 노하우가 책으로 출간된 지 어느덧 8년이 지났네요. 꾸준한 관심 덕분에 이렇게 새로운 모습으로 여러분을 다시 만나게 되어 정말 기쁩니다. 책을 집필한 이후 고등학교에 입학해 수험생활을 할 때 그동안 쌓아온 노트필기 방법이 정말 유용했습니다. 본문에서 소개한 '막필기' 방법으로 수업을 열심히 듣고 개념과 문제 유형을 보기 쉽게 정리하며 기록한 물리 노트는 저를 비롯해 물리를 선택한 많은 친구에게 큰 도움이 되었답니다.

수업을 성실히 듣고 학교와 집에서 꾸준히 노트필기를 하며, 매달 시험을 치르며 지내온 고등학교 3년간의 노력에 비해 대학수학능력시험에서 만족할만한 성적을 받지는 못했습니다. 하지만 중학생 때부터 쌓아온 필기 습관은 대학생이 되어 큰 힘을 발휘할 수 있었어요. 전공 강의를 듣고 꾸준히 복습하며 정리한 내용은 내년에 보게 될 국가고시를 위한 밑거름이 되었고 이 과정에서 높은 학점을 받을 때도 많았습니다. 그렇게 휴학 시기를 제외하고 4년을 달려온 결과 내년 신규 간호사 생활을 고려대학교 의료원에서 시작하게 되었답니다.

노트필기는 무조건 공부를 잘 하게 만들어 주는 방법이 아니라 수많은 공부 방법 중 제가 전하고 싶은 하나의 방법일 뿐입니다. 자신만의 공부 방법을 찾기 위해 고민하는 여러분께 이 책에 담긴 다양한 내용이 조금이나마 도움이 되리라 생각합니다. 책을 읽으며 무작정 따라 해도 좋고 응용해서 새로운 방법을 찾아도 좋아요. 함께 알아보고 실천하며 나아가다 보면 노트필기 방법뿐만 아니라 더 큰 도약을 위한 튼튼한 발판이 만들어져 있을 겁니다. 시작을 망설이고 고민하거나, 혹은 새로운 시작을 다짐하며 이 책의 첫 장을 열어보고 있는 여러분을 응원합니다!

"노트필기로 공부하는 모든 사람들을 위한 베이직 스페셜 참고서"

성정은(유세류)

안녕하세요. 활기찬 하루 유세류입니다. 저는 현재 인터넷에서 학생 블로그를 운영하고 있는 중학교 3학년 여학생입니다. 제 블로그에도 공부를 한 흔적들이나 효율적이라고 생각한 필기 방식을 포스팅한 글이 있지만, 보다 구체적으로 저만의 필기 방식과 소소한 팁을 알려드리기 위해 이렇게 글을 쓰고 있습니다.

일단 우리(학생)가 주로 하는 필기는 공부를 위한 필기입니다. 공부를 하기 위해서는 자신에게 꼭 맞는 공부 방법을 찾는 것이 우선이라고 생각합니다. 사람마다 각각 어울리는 옷이 있고 어울리지 않는 옷이 있는 것처럼 말이죠. 그러기 위해서는 최대한 공부를 많이 하면서, 자신이 어떤 방식으로 공부를 해야 성적이 잘 나오는지 분석하는 것이 필요합니다.

'노트필기'도 자신에게 맞게 효율적으로 찾는 것이 중요합니다. 무조건 다른 사람의 필기 방식을 따라하거나 믿어버리는 경우 그렇게 좋은 성적을 얻지 못할 수 있습니다. 각자 공부할 때 어떻게 머리를 쓰는지도 다를 뿐더러 성격도 다르니 다른 사람의 노트필기가 자신에게 딱 맞기란 정말 어렵기 때문이죠.

그래서 이 책에 소개된 노트필기 방법을 그대로 따라하는 것보다 자신에게 맞도록 약간씩 고쳐나가면서 공부를 하는 것이 훨씬 효율적입니다. 참고서가 교과서가 될 수 없듯이 제가 쓴 팁들이 여러분들 개개인의 교과서가 될 수는 없습니다. 그러므로 열심히 '참고'를 해서 자신의 방식으로 바꾸어 나가는 것이 이 책을 읽은 후 첫 번째 해야 할 일입니다. 물론 중학교 3년 동안 노트필기를 공부 방법으로 활용했기 때문에 제가 소개한 내용이 비효율적이라고 생각하지는 않습니다. 그러므로 여기에 제시한 효율적인 방법을 일단 기본으로 깔아 놓고, 자신이 경험해 보면서 또 다른 방법을 개척해 나가는 것을 추천합니다.

자, 이제 베이직(basic)하고 효율적인 노트필기 방법에 대해 알아볼까요?

After

매일매일! 필기하는 중학생에서 지금도 필기하는 대학생이 되기까지

안녕하세요. 성정은입니다. 중학교 시절, 노트필기라는 주제로 이 책을 내고 어느덧 많은 시간이 지났네요. 감회가 새롭습니다.

저는 현재 공부도 하고 노는 것도 좋아하는 대한민국 보통의 대학생입니다. 올해 초까지 프랑스 파리에서 교환 학생 신분으로 공부했고, 그 기간 동안 15개국을 여행하면서 많은 것을 경험했습니다. 요즘은 대외활동과 공부로 인해 정말 빈틈없는 여름방학을 보내고 있습니다.

저는 노트필기를 할 때 필기하는 내용의 의미를 정확히 알고 있는 것이 중요하다고 생각합니다. 무엇을 단순히 받아 적거나, 잘 쓴 노트필기를 흉내 내기만 하는 것은 올바르지 않습니다.

또한 내가 하고자 하는 것을 정확히 아는 것도 중요합니다. 누군가가 하는 것을 아무런 의미 없이 그대로 따라하는 것은 바람직하지 않습니다. 자신의 목표와 꿈에 대해 정확히 생각해 보고, 그것을 스스로 설정해 나가길 바랍니다.

학창 시절에 있어서 '공부'는 이러한 나의 결정을 도와 주는 중요한 보험과도 같은 것입니다. 제가 노트필기를 통해 공부했고 현재 원하는 일의 발판을 마련했듯이, 여러분들도 이 책을 통해 공부해서 원하는 목표를 이루어 나가길 바랍니다.

저는 요즘, 예전과 동일한 블로그에 일상을 올리고 있습니다. 생각날 때 가끔씩 놀러와 주세요.

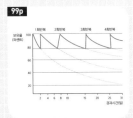

★장혜영(학다오)★

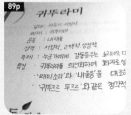

이렇게 하자! 국어 교과서 필기

사회·역사에서 가장 중요한 자료 활용
노트필기

과학 필기, 그림과 사진 120% 활용

사회·과학 오답노트, 유형별로 묶어라

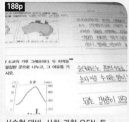

서술형 대비, 사회·과학 오답노트

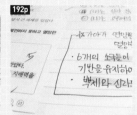

오답노트에 덧붙이자, 요점 정리&주의
사항

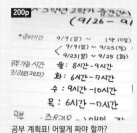

공부 계획표! 어떻게 짜야 할까?

수학 서술형 대비, 교과서로 하자

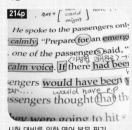

시험 대비를 위한 영어 본문 필기

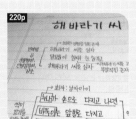

내가 경험한 국어 필기의 모든 것!

서술형 대비, 국어 노트 만들기

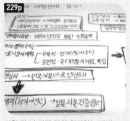

시험 전 날 가장 많이 암기하는 방법

15

저자별 목차

★김정선(서원)★

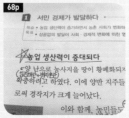

16

★성정은(유세류)★

노트필기 하면서 생기는 사소한 궁금증 타파

노트필기를 위한 준비물 챙기기

노트필기 언제 하지? 가장 적절한 때는 이때!

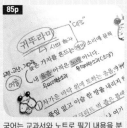

국어는 교과서와 노트로 필기 내용을 분리시키자

120% 활용 가능한 오답노트 구성 방법

암기 과목 단기간 타파의 비밀, 문제 속 개념 찾기

목차

이제 시작해 보자!

Part 1. 노트필기 공부법

매일매일 학교와 집에서

Part 2. 교과서&복습 필기

노트필기 공부의 핵심
Part 3. 단권화&요약 필기

학교 시험 완벽 대비

Part 4. 오답노트

시험 만점에 도전

Part 5. 노트필기 시험 공부법

Part 1.

이제 시작해 보자!

노트필기 공부법

Smile

시작하기 전에,
노트필기 제대로 알기

★ 신윤정 ★

노트필기를 하려고 마음 먹은 여러분! 노트필기에 대해 얼마나 알고 있나요? 정말 뻔하고 쉬워 보이지만 노트필기는 생각보다 그렇게 쉽지 않습니다. 말 그대로 '노트에 필기만 하는 것'이라고 알고 있는 학생들이 많습니다. 본격적으로 노트필기를 하기 전에 노트필기에 대해 먼저 생각해 볼 것이 있습니다.

글씨체가 예뻐야 노트필기를 잘 한다(?)

저자가 블로그를 운영할 때 가장 많이 받은 질문 중 하나가 글씨체에 관련된 것입니다. 정말 많은 사람들이 글씨체가 노트필기를 방해한다고 생각하고, 글씨체를 고치려고 합니다. 그런데 반드시 글씨체가 예뻐야 노트필기를 잘 할 수 있는 것은 아닙니다. 노트필기를 잘 하는 사람이 글씨체가 예쁜 것은 더더욱 아닙니다. 글씨체는 그야말로 자기만족을 위한 수

단입니다.

　하지만 노트필기도 어느 정도 자기만족이 필요하다고 생각합니다. 스스로 노트필기를 해 놓고 별로 예쁘지 않고 지저분해서 다시 보지 않는 경우도 종종 있습니다. 이렇게 되면 열심히 작성했던 필기가 허사가 되어버리는 것이죠.

　어쩌면 글씨체에 대한 생각은 단순히 핑계일 수 있습니다. 노트필기를 열심히 해 놓고 복습하지 않은 스스로를 위로하려는 것일지도 모릅니다. 익숙해진 내 글씨체라면 웬만한 악필이라도 노트필기 하는 데는 아무런 지장이 없습니다. 그리고 사실, 아무리 글씨체가 예쁘더라도 다시 반복해서 보는 것은 어려운 일입니다. 물론 글씨가 알아보기 힘든 정도라면 조금은 노력해야겠지요. 글씨체는 부단한 노력으로 충분히 개선될 수 있습니다.

공부와 노트필기 실력은 비례

　노트필기를 잘 한다고 무조건 공부를 잘 하는 건 절대 아닙니다. 하지만 저는 어느 정도 비례한다고 생각합니다. 그러면 여기서 노트필기 실력을 어떻게 알아볼 수 있는지에 대해 잠깐 얘기하겠습니다.

　보통 학교나 학원에서 필기를 잘 한다고 소문난 친구들을 보면 깔끔하고 예쁜 글씨체로 노트를 빽빽하게 채우는 모습을 볼 수 있습니다. 가끔은 여러 가지 색으로 화려하게 꾸미거나 그림을 지나치게 자세히 그려서 필기 내용이 어려운 것처럼 보이는 친구들도 있습니다. 과연 이것이 노트필기를 잘 하는 걸까요?

　노트필기 실력은 글씨체도, 필기의 양도, 펜의 색이나 그림 실력도 아님니다. **노트필기 실력은 중요한 내용을 찾아서 정확하고 간결하게 다시 정리해 놓는 능력을 말합니다.** 같은 수업을 듣고 같은 문제집을 보더라도 자신이 노트필기 하는 목적을 정확히 알고 그에 따라 필요한 것들만 필기하는 학생이 있고, 무조건 교과서나 문제집 내용을 아는 것 모르는 것 섞어가며 필기하는 학생이 있다고 가정해 봅시다. 어느 쪽이 노트필기 실력이 높은지는 모두 판단할 수 있을 거라 믿습니다.

결국 이렇게 노트필기 하는 목적, 또는 노트필기 하는 시기에 따라 노트필기를 자유자재로 활용할 수 있는 학생이라면 공부를 잘 하는 학생일 확률이 높습니다. 그래서 저는 어느 정도 비례한다고 생각합니다.

필기를 한 후가 더 중요

노트필기를 하는 학생들이 가장 많이 하는 실수가 바로 노트필기를 한 후에 다시 보지 않는다는 점입니다. 특히 저학년일수록, 아직 스스로의 공부법을 찾지 못한 학생일수록 무작정 노트필기를 하면 성적이 오를 거라 굳게 믿고 그대로 한 번 베껴 써 놓고 뿌듯해 합니다.

하지만 노트필기를 하는 과정만으로는 공부 효과가 없답니다. 가끔은 뒤죽박죽인 머릿속을 정리해 주기도 하고, 몰랐던 내용을 알게 해 주기도 하는데, 왜 아무런 효과가 없다고 하는 걸까요? 그 이유는 간단합니다. 금방 잊어버리기 때문입니다. 사람이라면 누구나 시간이 지나면 잊어버리게 되어 있습니다. 노트필기를 할 때는 뭔가 다 아는 것 같고, 시험을 볼 때까지 기억이 지속될 것만 같지만 정작 며칠 뒤, 혹은 몇 주 뒤에 시험을 보는 순간 노트필기를 했다는 기억만 날 뿐 정작 구체적인 내용들은 기억나지 않아 안타깝게 틀리는 경우를 많이 봅니다.

노트필기 공부 단계 중에서는 복습 단계가 가장 중요합니다. 내가 했던 필기를 틈틈이 주기적으로 다시 보는 것, 보면서 내가 필기했을 때의 기억을 되살려 보는 것만으로도 복습하지 않은 것보다 훨씬 공부 효과가 큽니다. 그래서 우리는 필기를 하는 것입니다. 단순히 적어 놓는 것으로 끝나는 게 아니라 적었던 내용을 완전히 내 것으로 만들기 위해서입니다.

나만을 위한 필기,
일반화시키지 마세요

★ 성정은 ★

저자가 블로그를 운영할 때 많은 질문을 받았습니다. 그중에서 '노트필기를 해도 성적이 안 올라요.', 또는 '자꾸 노트필기를 할 때마다 필기하는 것이 아니고 다이어리를 꾸미듯이 해요.', 또는 '어떻게 필기를 해야 될지 모르겠어요.'라는 질문들이 정말 많습니다. 이런 질문을 하는 이유는 대부분 필기(=노트필기)가 자신의 공부에 어떤 효과를 주는지 모르는 경우, 즉 필기가 완전히 자신의 공부 방식에 스며들지 않은 경우입니다. 필기를 해도 성적이 오르지 않는다는 것은 어쩌면 '노트필기'라는 하나의 공부 방법이 자신과는 맞지 않는다는 뜻이죠. 그러면 어떻게 해야 자신에게 맞는 노트필기를 할 수 있을까요? 그동안 경험했던 것을 토대로 이런 몇 가지 질문에 대한 저의 생각을 말해 보겠습니다.

노트필기는 무조건 꾸미지 말아야 한다(?)

많은 사람들이 노트필기는 꾸미지 말아야 한다고 말합니다. 노트필기는 '공부용'이라는 강한 생각이 작용한 것이 아닐까 생각합니다. 저도 처음에 '노트필기는 공부를 하기 위해서 하는 건데 왜 꾸미는 거지?'라는 의문점을 가졌어요. 더군다나 블로그를 만들고 별로 시간이 지나지 않은 초창기에 몇 개의 필기 사진들을 올리면 '왜 꾸미냐?'라는 식으로 태클을 걸어 오는 댓글들이 많아서 '노트필기는 꾸미지 말아야 한다'라는 생각이 머릿속에 박혀버렸습니다.

그런데 필기를 하면서 다시 생각해 본 결과 꾸민다는 것이 결코 잘못된 일은 아닌 것 같습니다. 자신이 중요하다고 생각되는 부분을 알록달록 꾸미면서 다시 그 내용이나 개념에 대해 되새김질 한다면 필기를 하면서 꾸미는 것도 하나의 공부가 될 수 있습니다. 중요한 것은 '노트필기는 꾸미지 말아야 한다'가 아니라 '노트필기를 할 때 공부에 관련된 꾸밈은 괜찮다'가 아닐까요?

중학교 1학년 때 저희 학교 3학년 중에서 공부 잘 하기로 소문난 어떤 선배가 있었습니다. 당연히 전교 1등이었고 소문으로는 제일 못 받은 등수가 중학교 3년 통틀어 전교 4등이었다고 합니다. 여하튼 그 언니의 노트를 저희 옆 반 담임 샘이 가져와 아이들에게 보여 주셨다고 합니다. 궁금한 나머지 친구들의 말을 들어보니 '생각보다 굉장히 알록달록 했다. 그런데 굉장히 체계적이었고 시험에 나올 만한 것들은 따로 다시 정리해서 굉장히 눈에 띄게 필기를 잘했고 예쁜 필기였다.'고 말했습니다.

결국 공부 잘 하는 이 선배의 노트필기에도 약간의 꾸밈은 있었습니다. 그런데 그 꾸밈은 예뻐 보이기 위한 것이 아니라 더 눈에 잘 띄게 하기 위한, 체계적으로 보이기 위한 꾸밈이었죠. 결론은 더욱 체계적으로 보이기 위한 필기에 더 많은 색 펜과 형광펜을 사용하고, 이해를 돕기 위해 간단한 그림을 그리는 것은 올바른 것입니다.

주의할 점이 있다면 공부를 하기 위한 것과 전혀 상관없는, 그냥 예쁘게 보이기 위해 노트필기를 꾸민다면 그건 도움이 안 됩니다. 노트필기를 공부하는 것에 중점을 두지 않고 예뻐 보이기 위해 하는 것, 즉 남에게 보이기 위해 하는 것은 남의 시선을 의식하는 것이고, 노트필기를 꾸미지 말아야 한다는 의견에 자신의 노트필기를 무조건 맞추는 것도 남의 시선을 의식하는 것입니다.

남의 시선을 의식하지 않는 것이 나만의 노트필기를 하는 첫 번째 단계입니다. 내 인생의 경로를 결정하는 첫 번째 기회가 공부인 만큼 자신에게 맞게 공부를 하는 것이 가장 중요합니다. 따라서 자신에게 맞는 노트필기를 완성해 나가는 것이 좋겠습니다.

자신에게 맞는 노트필기는 성적 향상으로 이어져

자신에게 맞는 노트필기는 굉장히 효율적으로 성적을 올릴 수 있는 방법입니다. 즉, 자신에게 맞는 방법으로 효율적으로 공부를 하면 성적이 오르는 것은 당연한 일입니다. 그런데 필기를 하는 사람들 중 이것을 간과하고 있는 친구들이 너무 많습니다. 예를 들어 필기를 할 때 학습지를 똑같이 베낀다든지, 교과서를 그대로 옮겨 적는 경우는 그다지 효율적이지도 않고, 체계적으로 보이지도 않습니다.

저의 경우 학습지, 문제집, 자습서, 그리고 교과서를 모두 읽어본 다음 나에게 맞게 그것들을 하나로 정리하는 필기를 합니다. 이것을 '단권화 과정'이라고 합니다. 그런데 그중의 하나를 똑같이 베낀다면 그것은 학습지 하나를 똑같이 하나 더 만드는 것뿐입니다. 물론 연습장에 학습지의 내용을 써 보면서 어느 정도 공부는 되지만, 이것을 '노트필기'라고 부르지는 않습니다.

　많은 분들이 공부를 제대로 하지 않은 채 노트필기 단계로 넘어가는 경우가 있습니다. 개인적인 생각으로는 이런 과정은 별로 좋지 않습니다. 일단 **교과서, 학습지, 개념서를 모두 정독한 뒤 자신의 머릿속에 남아있는 개념들을 다시 노트에 직접 손으로 써 보면서 정리하고, 또 그것을 나중에 요점 정리로 요긴하게 쓸 수 있는 것이 '노트필기'입니다.** 이렇게 나만의 체계적인 노트를 만드는 것이 노트필기로 성적을 올릴 수 있는 핵심 포인트입니다.

나만의 체계적인 노트 만들기 실전

❶ 교과서, 개념서, 학습지를 모두 정독하고 암기합니다.

❷ 교과서에는 없는 개념서와 학습지의 내용을 따로 교과서에 보충합
니다. 이때 보충한다는 의미는 교과서에 없는 개념을 교과서에 다시
옮겨 적는 '단권화 과정'이라고 보면 됩니다.

❸ 따로 보충해 넣은(단권화한) 내용을 바탕으로 노트에 필기를 합니다.

▶ 노트에 필기할 때는 공부할 개념의 레벨(보충개념, 핵심개념, 시
험 출제율 100퍼센트 개념 등)을 나눠서 필기합니다. 이때 개념
의 레벨을 정할 때는 자신의 직감보다는 학교에서 선생님이 강조
하신 개념과 보충적인 것들을 구분하여 정하는 것이 좋습니다.

▶ 단권화한 모든 개념에 상대적인 개념들이 있다면 비교해서 보충
해 넣습니다. 표와 그림을 통해 더 쉽게 이해될 수 있도록 정리하
거나 마인드맵 등과 같은 필기 방식을 선택해도 됩니다. 이때 가장
효율적으로 개념을 익힐 수 있는 방식, 즉 자신에게 가장 쉽게 다가
올 수 있는 방식으로 필기를 합니다.

❹ 필기를 다 했다면 매주 학교 진도에 따라 자신의 필기 내용을 복습
하고, 그에 따라 체계적인 필기를 계속 해 나갑니다. 이렇게 무조건
하나의 개념서를 베끼는 위주의 필기보다는 자신이 개념서 하나
를 집필한다는 생각으로 모든 개념을 머릿속에 집어넣은 후 그것
들을 단권화하는 과정을 거쳐 자신의 방식으로 개념 정리를 합니
다. 이렇게 체계적이고도 세상에 하나밖에 없는 노트를 만드는 것
이 중요합니다. 시작은 나를 위한 필기입니다. 필기를 일반화시키
지 마세요.

노트필기 하면서 생기는
사소한 궁금증 타파

★ 성정은 ★

공부를 하면서 쓸데없이 집중력을 어지럽히는 요소들이 많습니다. 특히 노트필기를 할 때는 직접 손으로 적어야 하는 만큼 자잘한 것들에 신경 쓰이는 경우가 있습니다. 저도 공부할 때 집중력을 흐리게 만드는 것들이 하도 많아서 그것에 대한 답을 확실히 찾아 다시는 그 쪽으로 눈을 돌리지 않도록 하였습니다. 내가 궁금했던 사소한 것들은 분명 다른 사람들에게도 궁금한 것일 수 있습니다. 지금껏 제가 받았던 질문들 중 공부하면서 무척이나 공감한 사소한 내용들이 담긴 질문&답변 TOP3를 소개하겠습니다.

Q A4 용지(줄이 없는 용지)에 필기를 하다 보면 계속 글씨가 오르락내리락 해요.

A 저는 노트보다 A4 용지를 활용한 필기 사진을 블로그에 많이 올리는 편이어서 항상 이런 자잘한 질문을 달고 사는 편이었습니다. 사

실 아무것도 아닌데 신경 쓰이는 것 중 하나이지 않나요? 공부하면서 이런 것은 신경 쓰지 않아도 된다는 말이 무색할 만큼 필기하면서 많은 친구들이 속상해 하는 것 중 하나입니다. 우선 제 A4 용지에 필기한 사진을 볼까요?

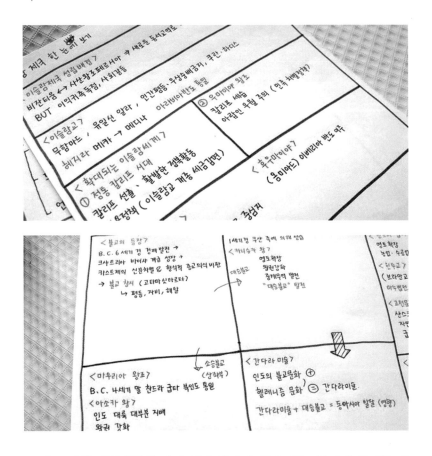

저도 사실 삐뚤빼뚤한 면이 없지 않지만 선이 없는 용지에 필기할 때 글자가 올라가고 내려가는 현상을 줄일 수 있는 해결책을 알려드릴까 합니다.

1. 가장 중요한 것은 이런 글씨에 신경을 쓰지 않는 것입니다. 공부에만 집중을 하다 보면 글씨가 오르락내리락 하는 것이 좀 덜해집니다. 노트필기는 글씨에 집중하는 것이 아니라는 생각이 제일 중요합니다.

2. 손에 힘을 꽉 주고 글씨를 쓰는 습관을 들여 보세요. 보통 손에 힘을 주지 않은 상태에서 필기하면 글씨가 위로 갔다 아래로 갔다 하는 현상이 심해집니다. 손에 힘을 주고 필기를 한다면 바르게 글씨가 써져서 글씨로 인한 쓸데없는 스트레스가 적어질 수 있어요. 그리고 무엇보다 느슨해진 손을 꽉 잡는다면 집중력이 훨씬 높아진답니다.

3. 혹시 자세에 문제가 있지 않나요? 삐딱하게 앉아서 공부를 한다든가, 다리를 꼬면서 공부를 한다든가 말이죠. 자세가 흐트러지면 글씨가 예뻐지지 않을 뿐더러 오르락내리락 하는 현상이 심해지게 되고 무엇보다 집중력이 흐려져서 완벽한 공부를 하는 것이 힘들어질 수 있습니다. 자세는 항상 바르게! 공부를 하거나 무엇을 하거나 이것이 가장 중요합니다.

Q 스마트폰 절제가 안 됩니다. 어떻게 해야 될까요?

A 사실 이 질문을 많이 받았습니다. 제가 학생 때에는 그다지 심각하지 않았는데, 요즘에는 스마트폰으로 인해 공부에 방해받는 경우가 너무나 많은 것 같습니다.

1. 일단 인터넷이나 메신저를 많이 사용해서 공부에 집중이 안 된다면 가장 간단하고 쉬운 방법으로 와이파이를 제한시키거나 메신저 앱을 지우는 것입니다. 아니면 일시적으로 사용하지 못하게 하는 앱을 사용하면 안 한다기 보다는 못 하는 수준에 이르는데 그렇게 확실히 차

단을 해야 공부에 방해가 되지 않아요.

제 친구들도 시험 기간이 되면 카카오톡 메신저 앱을 삭제하고, 프로 필 상태명에는 '문자로 보내세요! 카톡 지움!'이라고 써져 있기도 하 죠. 이제는 어느 정도 친구들이 서로서로 이해를 해 주어서 친구 관계 에도 큰 문제가 없습니다.

2. 원래 핸드폰을 자주 만지는 성격이라면 공부를 할 때 잠시 핸드폰을 꺼두고 공부하는 장소와 멀리 떨어져 있는 곳으로 핸드폰을 방치해 두는 것이 좋습니다. 저는 독서실에서 자주 공부를 하는 편인데, 사물 함에 핸드폰을 넣고 자물쇠로 사물함을 잠그면 번거로워서 핸드폰을 자주 꺼내 보지 않게 되더라구요.

Q 공부할 때는 음악을 듣지 말라 하는데, 과연 음악 듣는 것이 공부하는 데 피해를 줄까요?

A 네. 공부할 때 음악을 듣는 것은 집중을 잘 못하게 만듭니다. 공부를 하면 일단 자신이 암기해야 할 개념과 내용에 집중을 해야 하지만, 음악을 들으면서 공부를 할 경우 귀에서 들리는 멜로디에도 당연히 집중 도가 분산되기 때문에 확실한 공부를 할 수 없습니다. 웬만하면 음악을 듣 지 않고 공부하는 것이 좋아요. 만약 주변이 시끄러워 어쩔 수 없이 음악 을 들어야 한다면 귓구멍에 맞춰서 꼽을 수 있는 귀마개를 추천해 드려요. 음악을 듣는 것보단 훨씬 집중이 잘 된답니다.

가장 많이 받는 질문 중에서도 사소하면서 중요한 질문 3개를 뽑아봤 어요. 여러분의 궁금증이 조금이라도 풀렸기를 바랍니다.

이것만은 꼭 알아두자!
노트필기 준비물

★ 신윤정 ★

노트필기를 하려고 마음 먹었지만 여러 가지 이유로 노트 한 권을 다 채우지 못하고 중단해 버리는 경우가 많습니다. 노트필기, 나에게 맞는 준비물로 전략적으로 시작해 볼까요?

노트, 내 끈기와 인내심에 맡겨라

처음 노트필기를 하려고 문구점에 가면 두껍고 비싼 노트들이 눈에 띕니다. 굳게 결심하고 두꺼운 노트 한 권을 사서 집에 오면 처음 몇 장 써보다가 포기하고 마는 경우가 많습니다.

필기를 할 노트를 고를 때는 개인의 특성에 맞게 골라야 합니다. 저도 처음에는 두꺼운 노트를 구입해서 포스트잇으로 과목을 분류해 가며 사용했습니다. 그런데 노트 하나에 모든 과목을 정리하려니 괜히 복잡하기도 하고, '이 노트를 언제 다 채울 수 있을까?' 하는 생각부터 들더군요.

　노트필기를 처음 시작하는 사람이라면 1,000원~2,000원 대의 얇은 스프링 노트를 추천합니다. 스프링 노트를 추천하는 이유는 일반 노트보다 가격은 조금 더 비싸지만 넘김이 좋아 앞뒷면을 활용하기에 편리합니다. 처음부터 욕심내지 말고 얇은 노트 한 권을 다 채우겠다는 마음으로 시작해 봅시다.

　스프링 노트도 노트마다 칸 간격이 모두 다르다는 사실 알고 계신가요? 저는 글씨가 작은 편이지만 칸 간격이 큰 쪽을 선호합니다. 칸 간격이 좁은 노트들은 노트필기 할 때 괜히 지저분해 보이고, 칸에 글씨가 다 들어가지 않는 경우도 생기므로 구매할 때 참고하길 바랍니다.

필기구, 3색으로 맞추기

　요즘은 학생들이 사용할 수 있는 많은 필기용 펜들이 출시되고 있습니다. '공부도 못하면서 필기구만 많다'라는 얘기를 들을 정도로 요즘에는 필통에 필기구가 넘쳐납니다. 저도 필기구가 많은 편이었습니다. 종류별로 따져봐도 다른 친구들보다 훨씬 많아서 필통이 아닌 파우치에 넣고 다녔습니다. 그러나 중요한 건 필기구의 개수가 아닙니다. 중요한 건 색 이죠.

저의 필통을 보면 유성 볼펜도, 중성 볼펜도 모두 빨간색, 파란색, 검은 색을 띄고 있습니다. 처음에 아무것도 모르고 노트필기를 한다고 그 당시 한참 유행했던 10색 볼펜을 가지고 한 문장씩 돌려가며 쓴 적이 있습니다. 그 때는 색이 바뀌는 게 마냥 예뻐보였습니다. 하지만 정작 노트필기 를 할 때는 3색에 형광펜 1색 정도면 충분합니다.

특히 교과서 필기는 3가지 색이면 충분합니다. 일반적인 내용은 검은 색으로, 부가적으로 추가할 내용은 파란색으로, 또 중요한 내용은 빨간색 으로 적는 것이 제가 사용하는 방법이기도 하고, 일반적으로 많은 공부의 신들이 추천해 주는 방법입니다.

굳이 여기서 언급한 색이 아니라도 상관없지만 여러 가지 색으로 노트 필기를 하다 보면 중요한 내용과 그렇지 않은 내용이 구분되지 않아 공부할 때나 정리할 때 혼란이 올 수도 있고, 색을 중요하게 생각하느라 정작 내용에는 별로 신경이 쓰이지 않을 수도 있습니다. 물론 제목이나 중요한 내용은 형광펜으로 밑줄 쳐 주는 센스(!) 잊지 마세요.

필기구를 추천해 달라는 쪽지를 많이 받았습니다. 간간히 제가 사용하고 있는 필기구들을 소개하기도 하지만, 필기구는 개인에 따라 취향이 다른 것들 중 하나라고 생각해요. 무조건 다른 친구의 것을 따라 구매하지 말고, 문구점에 가서 직접 사용해 보고 마음에 들면서 편한 것으로 고르는 것이 현명한 선택이라고 생각합니다.

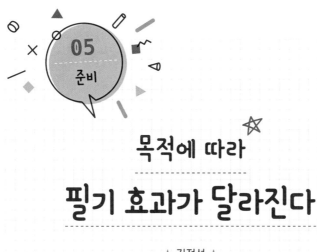

목적에 따라
필기 효과가 달라진다

★ 김정선 ★

어떤 사람은 노트필기를 하면서 성적이 올랐다고 하고, 또 다른 사람은 노트필기를 해서 성적이 더 내려갔다고 합니다. 똑같이 노트필기를 했는데 왜 결과가 다를까요? 어떤 사람들은 또 이렇게 말합니다. 노트필기는 나한테 맞지 않는다고. 물론 맞는 말입니다. 사람마다 각자 자신에게 맞는 공부법은 다르기 때문이죠.

노트필기가 자신에게 맞지 않는다는 말을 하기 전에 자신에게 다음과 같이 한 번 물어볼까요?

"내가 노트필기를 왜 했지?"

노트필기를 왜 했을까요? 주변 친구들이 모두 하고 있어서, 학교 수행평가의 일부이기 때문에, 혹은 스스로 배운 내용을 점검해 보고 싶은 것처럼 이유는 모두 다릅니다. 이렇게 모두 다른 이유가 자신의 마음가짐을 변화시키고 그 마음가짐에 따라 필기의 효과가 달라진다고 할 수 있습니다.

저희 학교는 대부분의 수행평가가 교과서 정리와 노트필기였습니다. 노트필기 하기 싫은 과목이 있어도 수행평가 점수가 감점되지 않기 위해서는 어쩔 수 없이 필기를 해야 합니다. 설령 자신에게는 이 과목과 필기라는 공부 방법이 맞지 않는다 해도 말이죠.

한 때 과목 편식을 많이 했던 저는 노트필기를 할 때도 좋고 싫음이 분명했어요. '이 과목은 이렇게 공부하면 성적 안 오르던데…' 라는 마음으로 필기에 임하게 되면 공부 자체가 지겨웠습니다. 머릿속은 '빨리 이 필기를 끝내고 놀아야겠다'는 생각으로 가득 차 있었고 겉보기에는 깔끔하게 정돈된 노트였지만 아무 생각 없이 썼기 때문에 결과는 좋지 않았고 해당 과목에 대한 흥미도 역시 자연스럽게 낮아졌습니다.

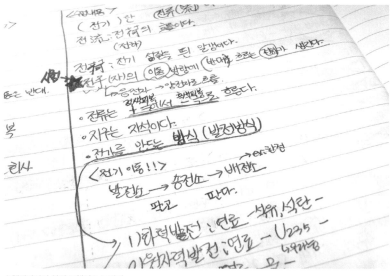

수행평가라서 억지로 했던 노트필기

반면, 필기하는 것 자체가 즐거웠던 과목이 있었습니다. 수업 시간에 필기한 내용을 토대로 집에서 다시 한번 복습을 하면서 모르는 부분은 표시해 두고 다음 날 담당 과목 선생님께 질문하기도 했어요. 시험 기간에는 어려운 부분을 다시 한번 필기하면서 이해하곤 했습니다. 필기를 중심으로 공부한 뒤 얻은 결과는 지금까지의 결과 중 최상이었고 자연스럽게 점수가 오른 과목이 더 좋아진 것은 물론 자신감까지 상승했습니다.

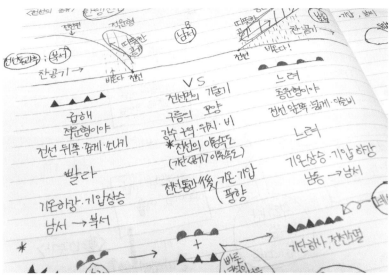

즐겁게 필기하면서 성적 향상을 이뤘던 노트필기

앞의 2개의 사진에서 차이점이 보이나요? 앞의 사진은 점수받기 위한 목적으로 아무 생각 없이 필기에 임했고, 뒤의 사진은 '노트필기'라는 방법을 하나의 공부하는 과정으로 받아들이고 개념을 정확히 짚고 넘어가는 것과 동시에 즐겼다고 할 수 있습니다.

이처럼 필기를 하는 이유, 또는 필기에 임하는 태도에 따라 필기의 효과는 달라집니다. '나에게 노트필기라는 방법이 맞지 않아.' 또는 '노트필기는 나한테 맞는 방법이 아닌가 보다. 성적이 더 떨어졌잖아.'라는 생각을 하는 사람들이 있다면 한 번쯤은 다시 생각해 보는 것이 어떨까요?

"나는 노트필기를 어떻게, 왜 하는 거지?"

학교 수행평가 때문에 하는 노트필기가 아닌 정확하게 내용을 이해하기 위한 노트필기 공부법으로 바꿔 보세요.

노트필기는 깔끔한 정리보다 개념 이해가 목적이다

노트필기를 하다 보면 점점 더 잘 하고 싶다는 욕심이 생기고, 완성된 노트필기를 누군가에게 보여 주고 싶다는 생각이 드는 경우가 종종 있습니다. 물론 저도 예전에 그랬던 적이 있습니다. 필기를 하면 할수록 누군가에게 필기를 잘 한다는 말을 듣고 싶어서 노트필기에 더 많은 시간을 투자하며 글씨 쓰는 데만 집중했어요. 필기를 잘 해서 수행평가 점수는 높게 받았으나 내용 정리를 하나도 하지 않은 덕에 지필 평가 점수는 매우 낮았답니다.

이렇게 노트필기를 할 때 '내용 이해' 중심이 아닌 '깔끔한 정리' 중심으로 필기를 하다 보면 이전보다 더 좋지 않은 결과가 나올 수 있습니다. 필기는 누군가에게 보이기 위해서 하는 것이 아니라 나 자신의 머릿속에 개념을 정확히 입력하기 위해 하는 것입니다. 절대 잊지 마세요.

06 준비

노트필기를 위한
준비물 챙기기

★ 성정은 ★

모든 일은 '시작이 반'이라는 말이 있듯이 필기도 시작을 제대로 하려면 그 전에 일단 준비물을 챙겨야 합니다. 그러나 문구점에는 많은 필기구들이 있고 그중에 어떤 펜을 어떤 용도로 사용해야 될지 잘 모르는 경우가 있습니다. 어떤 펜을 어떤 용도로 사용하면 좋은지 지금부터 알아보겠습니다.

검정+빨강이 필수, 추가로 원하는 색 1~2가지

필기를 하면서 주요 문장을 쓰게 될 펜은 너무 굵어도, 너무 얇아도 좋지 않습니다. 너무 굵으면 나중에 볼 때 답답한 느낌이 많이 나고, 혹시나 번지기라도 하면 굵게 쓴 탓에 너무 많이 번져서 알아보기 힘들어집니다. 또한 아주 쉽게 중요한 점을 알아보아야 하는 것이 필기의 포인트인데, 너무 얇게 써 놓으면 중요하지 않아 보여 소홀하게 느껴집니다. 그러므로 필기를 할 때는 너무 굵지도 않고 너무 얇지도 않은 적당한 선의 펜을 선택하는 게 좋습니다. 0.4mm 굵기에서 0.7mm까지가 가장 적당합니다. 저의 경우에는 약간 굵은 펜으로 필기를 하는 편입니다.

번지지 않아 깔끔하고 한 번에 알아볼 수 있는 펜으로 많은 사람들이 중성 펜, 유성 펜을 선호합니다. 그중에서도 일본 제품인 하이테크나 시그노를 많이 사용합니다. 근데 저는 국산 펜인 파인테크를 더 좋아합니다. 하이테크는 필기를 할 때 약간 긁히는 면이 있고, 시그노는 너무 부드럽게 써지는 면이 있는데 파인테크는 딱 그 중간이거든요. 그래서 잉크가 자주 새는 단점이 있지만 저는 파인테크를 사용합니다.

다음 사진처럼 검정, 빨강, 핑크, 그리고 보라색, 이 4가지 색을 필기용으로 사용하고 있습니다. 일단 검정색은 글씨를 쓰고 난 뒤 다시 봤을 때 가장 무난한 색입니다. 그래서 그냥 일반적인 내용을 쓰는 용도로 검정색 펜을 쓰고 있습니다. 빨간색은 색으로만 봤을 때도 강렬한 느낌을 주기 때문에 중요한 개념이나 유형을 표시할 때 씁니다. 마지막으로 핑크색과 보라색은 참고용, 그러니까 보충할 내용으로 그리 중요하지 않은 내용들을 쓸 때 많이 애용하는 편입니다. 이렇게 색을 나눠서 필기를 하면 시각 효과를 주어 한 눈에 중요한 내용, 보충 내용을 금방 알아볼 수 있게 됩니다.

중요한 내용이나 개념의 흐름은 눈에 띄는 펜으로

기본적인 내용을 쓸 때 검정색, 빨간색, 그리고 그 외의 색으로 써 내려 갔다면 그 후 필기한 내용에 중요한 내용을 표시해야 할 때가 있습니다. 즉, 교과서에 나온 주요 개념과 개념의 흐름을 파악하기 위해서는 눈에 띄는 색으로 줄을 긋거나 하이라이트 표시를 하는 것이 좋습니다. 물론 눈에 띄는 색이라 하더라도 피로감을 주는 강렬한 색은 쓰지 않아야 됩니다.

예를 들어 파스텔 톤의 보라색, 핑크색 등은 눈에 띄지만 강렬하지는 않은 색이죠. 이렇게 개념의 흐름을 파악하기 위해서 글에 줄을 그을 때에 는 너무 두껍지 않은 펜을 쓰는 것이 좋습니다. 1.0mm 굵기의 펜이 적당 합니다.

중요한 개념에 대해 하이라이트 표시할 때는 확실히 눈에 띄면서 강렬 한 색으로 표현해 주는 것이 좋은데, 위의 사진처럼 저는 노란색을 애용합 니다. 형광 노랑이 아닌 그냥 노랑을 사용하고 있어요. 형광 노랑은 강렬 하긴 하지만 너무 강렬해서 공부할 때마다 눈이 아픈 경우가 많아요. 그래 서 저는 그냥 노랑으로 나온 형광펜이나 색연필을 사용하고 있습니다.

이렇게 중요한 내용에 줄을 긋거나 하이라이트 표시를 할 때는 적당히 두꺼운 굵기로 눈에 띄게 표시할 수 있는 펜을 사용하는 것이 좋습니다.

샤프는 자신의 손에 맞는 것으로

샤프는 주로 수학 문제를 풀 때 사용하는 경우가 가장 많습니다. 수학 공부는 장시간 문제를 풀어야 되는 공부이기 때문에 샤프를 많이 쥐고 있어야 되죠. 그러므로 손이 아프거나 불편한 샤프보다는 자신의 손에 꼭 맞는 샤프를 써야 합니다. 손 크기에 따라 맞는 샤프 굵기가 다르므로 샤프를 사기 전에 한 번 손에 쥐어보고 사는 것이 중요합니다.

그리고 샤프 자체가 샤프심을 지탱하지 못해서 흔들리는 경우가 있습니다. 이러한 경우를 유격이 나쁘다고 얘기하는데, 유격이 나쁜 샤프는 아무리 싸다고 해도 사용하지 않는 것이 좋습니다.

샤프심은 잘 부러지지 않고, 지우개는 잘 지워지는 것으로

보통 많은 사람들이 샤프는 좋은 것을 쓰지만, 샤프심에는 그리 많은 신경을 쓰지 않는 경우가 대부분입니다. 저는 샤프심에 더 많이 신경을 쓰고 있어요. 샤프가 아무리 좋다 하더라도 샤프심의 질

이 좋지 않으면 필기를 할 때 계속 부러져서 샤프가 망가지거나 샤프심을 자주 갈아야 하는 상황이 생깁니다. 그리고 무엇보다도 계속 부러지는 샤프심을 쓰다 보면 집중력이 흐트러지게 됩니다. 그래서 샤프심도 약간 가

격이 있는 것으로 사용하기를 추천합니다.

지우개는 물론 잘 지워지는 부드러운 것이 좋습니다. 특히 지우개가 부드럽지 않으면 종이가 찢어지는 상황이 생깁니다.

이 외에도 필기용 얇은 펜들만 가지고 다니다 보면 메모할 때나 굵은 글씨를 써야 할 때 불편한 경우가 있습니다. 그러므로 굵게 써지는 3색 펜 하나 정도는 챙기는 것도 나쁘지 않습니다.

중요한 것을 표시하는 플래그는 항상 가방 속에

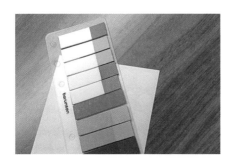

중요한 것을 표시하는 플래그는 책가방 속에 항상 가지고 다니는 것이 좋습니다. 중요한 내용이 어디인지 한 눈에 표시하고 알려 주기 때문입니다. 플래그를 사용하면 수업 시간에 표시해 둔 중요한 페이지를 빨리빨리 알 수 있어서 좋죠. 플래그는 항상 가지고 다녀야 할 필수품이랍니다.

이렇게 필기구를 잘 선택했다면 이제 본격적으로 필기를 해봅시다. 결국 필기구도 우리들에게는 공부를 위해 사용하는 것이라는 것, 잊지 마세요.

노트필기 언제 하지?
가장 적절한 때는 이때!

★ 성정은 ★

　　요리를 할 때 첫 번째로 재료 준비하기, 두 번째로 레시피 따라 음식 만들기, 세 번째로 완성한 요리를 맛있게 먹기입니다. 이렇게 순서에 따라 요리를 하듯이 공부를 할 때도 나름대로의 순서가 있습니다. 즉, 학교 수업 듣기, 참고서 보기, 문제집 풀기 등등 많은 순서가 있는데, 노트필기는 어느 단계에서 해야 하는지 잘 모르거나 비효율적인 순서로 공부하는 사람들이 상당히 많습니다. 그러면 가장 노트필기 하기에 적절한 순서는 언제일까요?

예습용 노트필기는 비추, 노트필기는 복습용으로

　　노트필기는 배워야 할 개념을 거의 다 머릿속에 암기시켜 놓은 상태에서 다시 한번 깔끔하게 정리, 또는 암기를 위해 하는 것이 제일 효과 만점입니다. 예습으로 노트필기를 할 경우 학교 수업을 듣지 않은 상태이기 때문에 학교 선생님이 무엇을 중요하게 생각하는지 몰라 정확하게 중요도 체크를 하기가 어렵습니다. 그러므로 학교 수업을 모두 들은 다음 적절한 보충 수업(인터넷 강의, 학원, 과외)을 듣고 나서 교과서 정리를 토대로 복습용으로 필기하는 것을 추천합니다.

시험이 얼마 남지 않은 시점에서는 쓰지 말고 보자

시험이 점점 가까워지면 마음이 다급해지고 초조해지면서 다시 개념 정리를 확실히(!) 해야겠다는 생각이 들죠. 그런데 여기서 주의할 점은 절대 시험이 얼마 남지 않은 시점에서 새로 노트를 꺼내 노트필기를 하면 안된다는 것입니다. 노트필기는 자신의 생각과 방법에 따라 개념을 정리하는 데에 있어서 큰 장점이 있지만, 자신이 직접 정리를 해가면서 하는 공부 방법이기 때문에 다른 방법보다는 시간이 많이 걸릴 수 있습니다.

그러므로 시험이 얼마 남지 않은 시기에는 무엇보다 시간 배분이 중요하므로 노트필기를 하는 것보다는 여태껏 해온 노트필기를 쭉 보면서 정리한 것을 훑어본다는 생각으로 공부하는 것이 좋습니다. 물론 이렇게 공부를 하려면 미리미리 정리해 놓은 필기물이 있어야 합니다.

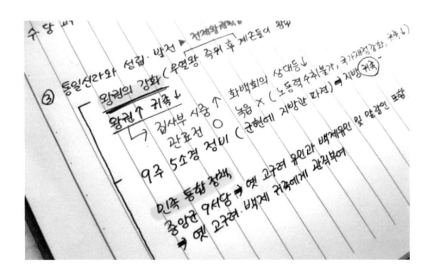

이렇게 노트필기를 시험 대비 공부 방법으로 사용할 경우 이 순서를 정해 놓는 것이 굉장히 중요합니다. 특히 노트필기라는 공부 방법의 장점을 최대한 살리고 단점을 최대한 줄여 효율적인 방법을 찾아야 합니다. 노트필기 공부 방법은 첫째, 정리하는 시간이 많이 걸리고 둘째, 중요도를 정확히 체크해야 하며 셋째, 완전히 개념을 이해한 상태에서 해야 합니다. 또한 시간이 촉박한 시험 기간에는 시작하지 않는 것이 좋고, 수업 시간에 체크해 놓은 중요한 개념을 체크해야 하므로 복습용으로 사용하는 것이 좋으며, 모든 수업과 개념을 이해한 상태에서 노트필기를 해야 합니다. 다음에 나온 순서와 비슷하게 자신만의 계획을 세우면 이 3가지를 모두 충족시킬 수 있으므로 효율적인 노트필기를 할 수 있습니다.

노트필기를 이용한 시험 대비 방법(권장 순서표)

① 학교 수업/보충 수업

↓

② 교과서/문제집 개념 정리

↓

③ 개념 정리를 토대로 노트필기(시험 1주일 전까지 모두 완성)

↓

④ 완성한 노트필기+문제풀이 오답노트를 보면서 총정리

↓

⑤ 시험

Part 2.

매일매일 학교와 집에서

교과서&복습 필기

Smile

교과서 필기,
어렵지 않아요

★ 신윤정 ★

수업 시간이 중요하다는 것은 굳이 강조하지 않아도 너무나 잘 알고 있습니다. 수업 시간에 제대로 듣고, 필기해 놓지 않으면 학교 시험에서 상위권 성적을 얻을 수 있는 가장 기본적인 기회를 놓치게 됩니다. 학교마다, 또는 반마다 선생님의 수업 내용이 다르기 때문에 수업 내용을 얼마나 잘 듣고 받아 적느냐가 시험 성적을 결정짓는 가장 큰 요인입니다.

놓치지 않고 본문 주위에 빼곡히

교과서 본문 주변에는 항상 여백이 있습니다. 그래서인지 교과서 필기를 시작하는 그 순간부터 본능적으로 그곳에 부가적인 설명을 적어야겠다는 생각이 듭니다. 하지만 이것은 꽤 많은 노력을 필요로 합니다. 선생님의 말씀을 듣고 그 부분이 어디인지 눈으로 빠르게 스캔한 다음 그 주변에 받아 적는 일이 꽤 익숙하다고 생각되지만 흐름을 한 번 놓치면 다시 찾기 힘든 경우도 많습니다. 특히 국어, 영어와 같이 긴 지문이라면 더더욱 그렇습니다.

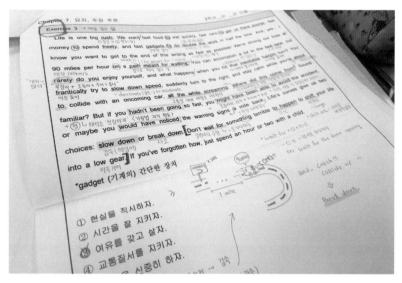

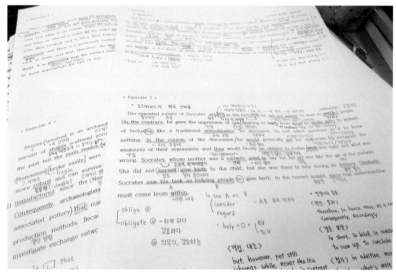

항상 형광펜과 단색 볼펜 하나를 옆에 두고 선생님이 설명하시는 내용 중 필기할 내용이 있다면 바로바로 관련된 지문에 밑줄을 긋고 그 밑에 알아보기 쉽게 적어 놓습니다. 그 밑에 자리가 없다면 긴 화살표를 빼어 옆이나 윗쪽 빈 공간에 적어도 좋습니다. 여기서 가장 중요한 것은 나중에 시험 공부를 하기 위해 다시 볼 때 자기가 적어두었던 필기가 어느 부분에 관련된 것인지 알 수 있어야 합니다.

필기는 나만의 방법으로 간단하게

모든 수업 내용에 대해서 이해하기만 하면 안 되겠죠? 이해함과 동시에 반 박자 정도 간격을 두고 필기를 해야 합니다. 하지만 여기에도 중요한 점은 나만의 필기를 해야 한다는 것입니다. 선생님께서 표로 정리해 주시거나 그림이나 그래프를 이용하신다면 그대로 적어두는 것이 좋습니다. 그러나 말로만 강의해 주신다거나 긴 문장으로 빠르게 강의하시는 경우도 종종 있습니다. 이런 경우 이해한 내용을 필기하되, 최대한 간단하지만 중요한 내용은 빠지지 않도록 해야 합니다.

예를 들어 볼까요? 오른쪽 그림에서 볼 수 있듯이 길게 필기할 수도 있는 내용을 나만의 기호와 방법을 이용해 간략하게 만들어 적습니다. 이렇게 하면 필기하는 시간도 줄어들고, 수업 시간의 이해도도 높일 수 있어 그냥 베끼기만 하는 것보다 훨씬 효과적입니다.

선생님이 그려 주시지 않았지만 그림이나 표를 이용해 이해하기 쉽게 정리하는 것도 나만의 방법이 될 수 있습니다. 자잘하고 빠르게 그려 놓은 그림들은 다음에 공부하기 위해 다시 보았을 때 수업 시간에 배웠던 내용을 상기시켜 주는 엄청난 효과를 가지고 있습니다. 물론 그림을 그리는 데에 너무 많은 시간을 빼앗기면 안 되겠죠?

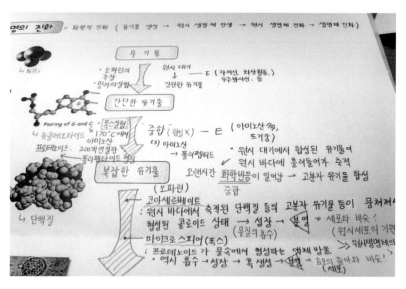

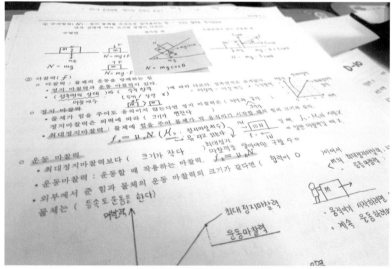

본문과 연계되지 않는 내용 - 포스트잇이나 컴퓨터 사인펜 활용

수업을 듣다 보면 교과서에는 전혀 없는 내용인데 선생님이 따로 필기해 주시는 경우가 많습니다. 이러한 필기는 시험에 출제될 확률이 아주 높은 내용을 포함하고 있으므로 그 필기와 관련된 부분이 교과서 어디인지 잘 연계시켜 필기하는 것이 좋습니다.

눈에 잘 띄는 색의 포스트잇이 있다면 관련된 교과서 페이지의 한쪽 구석에 붙이고 그곳에 필기를 합니다. 포스트잇을 사용하면 나중에 다시 보면서 선생님이 어떤 내용을 추가적으로 알려 주셨는지 한 번 더 보는 효과를 얻을 수 있습니다. 또한 전체적으로 필기가 깔끔해 보이니 일석이조입니다.

포스트잇을 사용할 때 주의할 점은 필기의 양에 따라 포스트잇의 크기가 달라질 수 있다는 점입니다. 그래서 너무 작거나 큰 포스트잇보다는 평소에 선생님이 필기하시는 양에 맞는 적당한 포스트잇이 좋습니다. 작다면 몇 개를 이어 붙여서 필기해도 좋습니다.

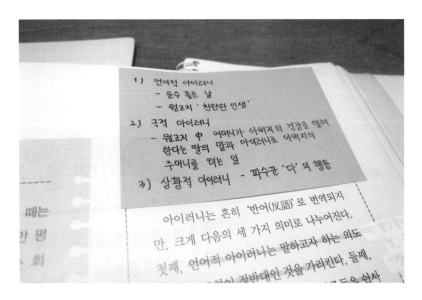

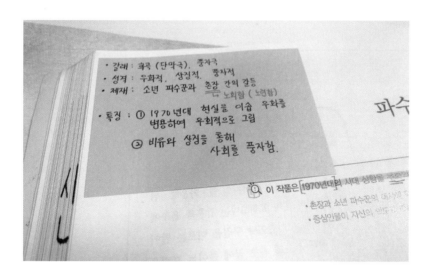

또한 저는 추가되는 필기를 구석에 해 놓고 컴퓨터 사인펜으로 경계를 그려 주는 것을 좋아합니다. 포스트잇을 사용했을 때처럼 깔끔해지고 필기가 정리된 듯한 느낌을 받을 수 있답니다.

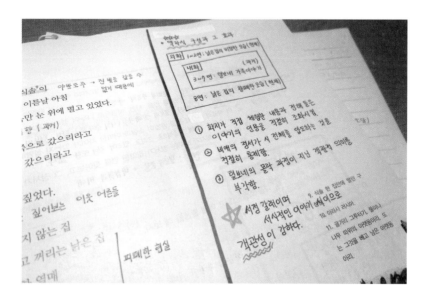

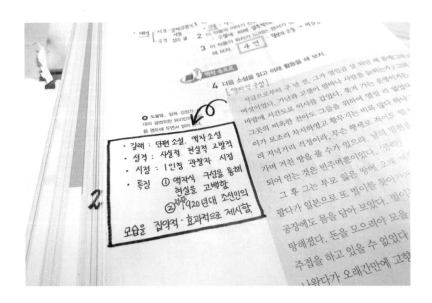

수학, 수업 노트를 만들어라

수학 교과서를 제대로 살펴본 적이 있나요? 우리 머릿속에 언제나 '수학 교과서는 쉽다'는 공식이 자리잡고 있는 것 같습니다. 사실 맞는 말이기도 해요. 조금의 선행 학습으로 이미 알만한 공식들이 길게 설명되어 있고, 그에 대한 예제 정도만 풀고 넘어가니까요. 하지만 수학 교과서는 우리가 수학 공부를 할 때 꼭 봐야 하는 중요한 참고서입니다.

수학 교과서에 있는 공식들은 이미 알고 있다는 이유로 그냥 넘기는 경우가 많습니다. 하지만 우리는 공식만 외우고 있을 뿐 유도 과정이나 증명 등은 모르고 있을 가능성이 큽니다. 우리가 그 공식을 바로바로 사용하려면, 또 나중에 공식이 생각나지 않을 때 유도하여 사용하려면 이러한 과정 하나하나는 정말 중요하답니다. 만약 교과서에 유도 과정이나 증명이 나와 있다면 그것을 수업 노트에 적으면서 이해하도록 노력해야 합니다. 특히 교과서에는 없지만 선생님께서 따로 적어 주시는 증명들도 그냥 넘기지 말고 수업 노트에 꼭 필기해 놓아야 합니다.

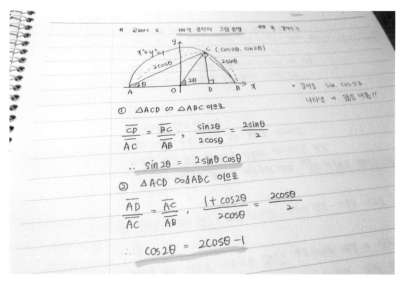

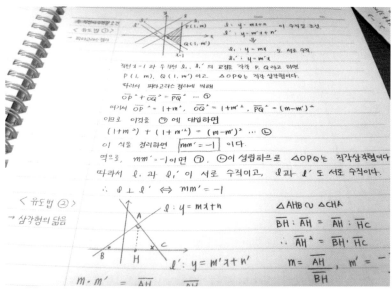

또한 수학 교과서는 교과서마다 내용이 많이 다르므로 부족한 부분도 많습니다. 이럴 때 모의고사나 다른 문제집을 풀기 위해 교과서에는 없는 개념을 설명해 주실 때도 많은데, 역시 수업 노트에 적어두어야 합니다. 교과서에 나와 있지 않는 어려운 문제를 풀어 주실 때도 마찬가지입니다. 수학은 아무 이유 없이 설명하시는 경우가 드물기 때문에 선생님이 추가적으로 설명하시는 순간 그 내용은 시험 범위가 된다는 사실을 기억해야 합니다.

어떤 경우에는 알아보기 쉬운 그림이 백배 낫다

일반적인 고정 관념으로 수업 시간에 그림을 그리면 수업 내용을 놓칠 수 있다고 생각합니다. 하지만 저는 수업을 들으며 그림을 자주 그립니다. 과목에 상관 없이 배우는 내용에 관련된 그림을 필기와 함께 그려 주곤 합니다. 물론 자세히 그리면 시간을 너무 잡아먹게 되니까 안 되겠죠? 알아볼 수 있을 정도로 간략하게 그려 주는 것이 좋습니다.

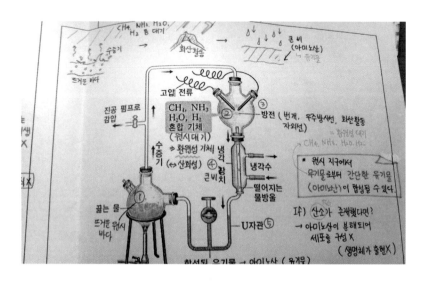

그림 그리는 것이 좋은 필기법인 이유가 있습니다. 첫째로, 그림을 그리면 글로 필기하는 것보다 순간 집중력이 강해집니다. 그렇기 때문에 나중에 교과서 필기를 보며 복습할 때 그 수업 내용이 더 잘 떠오르게 됩니다. 연관된 그림일수록 더 효과가 크죠.

또한 그림을 그리는 일은 졸음을 쫓을 수 있는 좋은 방법입니다. 수업 시간에 졸리고 지루할 때면 수업과 전혀 상관없는 그림이나 글을 쓰면서 시간을 때우곤 합니다. 이런 경우 수업 내용과 관련된 내용을 그리는 것이 졸음도 쫓고 공부도 계속 할 수 있는 일석이조의 효과를 낼 수 있습니다.

한눈에 알아볼 수 있도록
나만의 규칙을 정하자

★ 김정선 ★

중학교 2학년 때 도에서 주최하는 캠프를 몇몇 친구들과 함께 참여한 적이 있습니다. 캠프에서 돌아온 뒤에 내가 놓친 필기를 보충하기 위해 친구들의 교과서를 빌렸습니다. 한 친구의 필기가 깔끔하게 적혀 있긴 했으나 규칙성 없는 형형색색 펜으로 가득 필기해 놓은 교과서를 보고 있자니 어떤 내용이 중요하고 어떤 내용이 선생님께서 설명하신 내용인지 전혀 파악할 수 없었습니다. 그래서 필기한 후 다시 보았을 때 누가 봐도 한눈에 알아볼 수 있도록 하는 것이 중요하다는 것을 알게 되었습니다.

필기구 사용 지침서

저는 필기를 할 때 주로 펜을 사용합니다. 연필로 필기를 한 적도 있었는데 학교 선생님들은 펜으로 깔끔하게 정리하는 것을 더 좋아하십니다. 물론 자신만의 필기 방법에 따라 연필을 사용하는 친구들도 있지만 필기를 통해 수행평가를 하는 경우에는 내용 정리와 깔끔한 글씨가 중요합니다. 정리를 아무리 잘 했어도 글씨체가 어수선하고 연필이 번져 있다면 좋은 점수를 얻기 힘듭니다. 물론 수행평가가 목적이 아니라 하더라도 펜을 이용하는 것이 좋습니다. 나중에 내용을 다시 확인하는데 모두 번져 있으면 곤란하니까요. 여러 가지 이유로 연필로 필기하는 것보다 펜을 이용하는 것을 추천해 드립니다.

하지만 여러 색의 펜을 사용하는 것은 좋지 않습니다. 앞에서도 한 번 언급했다시피 형형색색의 펜으로 필기를 하면 나중에 복습할 때 어떤 내용이 중요하고 어떤 내용을 중심으로  공부해야 하는지 전혀 예측할 수 없어요. 물론 자신이 색마다 규칙을 정해놓고 필기를 할 수도 있지만 대부분이 검정, 파랑, 빨강, 이 3가지 색을 이용하고, 또 많이 추천합니다. 저 역시 이 3가지 색을 이용한 필기를 추천해 드려요.

수업 시간은 정말 바쁩니다. 필기도 해야 하고, 선생님의 설명도 들어야 하니까요. 특히 국어나 기술·가정과 같은 수업은 선생님의 수업 내용을 토대로 시험 문제가 출제되니 수업 시간이 정말 중요합니다. 이렇게 바쁜 수업 시간에 형형색색의 펜을 이용하여 예쁘게 필기하는 것은 효과적이지 못합니다. 검정, 파랑, 빨강 3가지 색을 이용하여 선생님이 말씀하시는 내용을 모두 받아 적어야 복습할 때 쉽게 이해할 수 있습니다.

그럼 제가 어떤 규칙성을 갖고 필기를 하는지 간단하게 알려드리겠습니다.

풀었던 문제에 대한 보충 설명을 적는 펜

국어 교과서의 경우 자신의 생각을 적어야 하는 곳이 많습니다. 물론 단답형으로 쓰는 경우도 있지만 '생각을 말해 보세요' 등의 문제가 많이 있습니다. 국어 시간에 가끔 문제 푸는 시간이 주어지는데, 이때 저는 샤프나 연필을 이용합니다. 내가 쓴 답이 틀릴 수도 있고 내 생각을 서술할 때 언제든지 빠르게 수정하면서 글을 써야 하기 때문입니다.

그리고 선생님과 함께 공부한 내용과 구분할 필요도 있습니다. 선생님과 함께 답을 확인할 때에는 검정색 펜을 이용하여 자신이 쓴 내용과 자연스럽게 구분지어 줍니다.

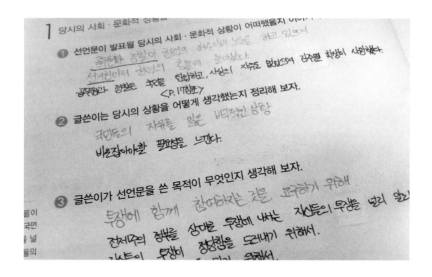

수업 내용을 기록하는 펜

　국어 교과서에 있는 본문에 대해 공부할 때 파란색 펜을 이용합니다. 교과서 대부분의 글자색은 검정색이기 때문에 선생님 설명이 눈에 잘 들어오게 하기 위해서입니다. 취향에 따라 검은색이나 빨간색을 이용할 수도 있습니다.

　그런데 파란색으로만 필기하다 보면 복잡한 경우가 있어요. 필기해야 할 내용이 많은 경우죠. 한 공간에 필기를 많이 해야 하는데, 파란색으로만 쓰면 필기한 내용이 본문의 어느 내용과 관련이 있는지 헷갈릴 수 있습니다. 그래서 필기를 많이 해야 하는 경우는 파란색과 검은색을 함께 사용하기도 합니다.

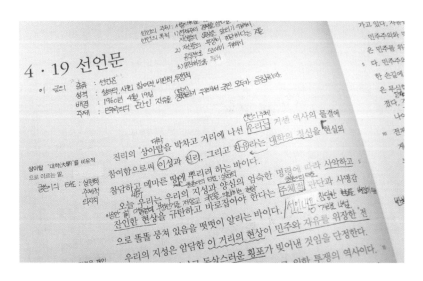

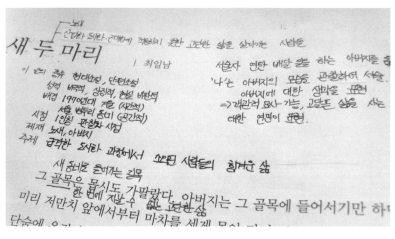

내용을 더 강조하기 위한 펜

빨간색은 선생님이 중요하다고 강조하신 내용을 체크할 때 사용합니다. 그리고 여러 번 강조하신 내용은 빨간색보다 더 튀는 펜으로 체크합니다. 교과서를 펼쳐보았을 때 눈에 확~ 튀는 색으로 표시해 두면 나중에 공부할 때 어느 내용이 중요한지 쉽게 파악할 수 있습니다.

교과서 필기를 하면서 선생님이 강조하신 내용뿐 아니라 문제를 풀면서 중요하다고 강조하신 내용까지 함께 표시해 두어야 합니다.

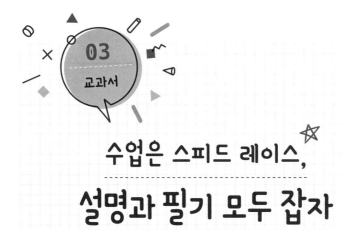

수업은 스피드 레이스, 설명과 필기 모두 잡자

★ 김정선 ★

선생님은 한 명이 아닌 여러 명을 대상으로 수업을 합니다. 일대일 맞춤 과외가 아니죠. 그러므로 선생님이 학생들의 방식에 맞추는 것보다는 학생들이 선생님의 방식에 맞춰 공부해야 합니다. 불평해 봤자 자신의 학업에만 손해입니다. 선생님의 속도에 맞춰서 필기도 해야 하고 수업도 들어야 합니다. 도대체 어떻게 해야 할까요? 설명과 필기 모두 잡는 방법을 알려드리겠습니다.

과학을 위한 '막필기' 방법

저는 암기보다 이해를 더 좋아합니다. 어떤 내용이든 암기로 내용을 기억하는 것보다 이해를 하고 여러 문제를 풀어보면서 자연스럽게 머릿속에 넣으려고 합니다. 그렇다면 개념 이해가 정말 중요한 과목 중 하나인 과학은 도대체 어떻게 필기해야 할까요? 저는 수업 시간에 '막필기'라는 방법으로 필기합니다.

막필기를 위해서는 수업 시간에 사용할 연습장 한 권이 필요합니다. 연습장 한 권을 수업이 있는 날마다 가지고 다니면서 수업을 들을 때 노트가 아닌 연습장에 필기를 합니다. 이 때 체계적으로 정리하거나 깔끔한 글씨체로 필기하지 않습니다. 수업 시간에 노트에 받아적는 식으로 필기하면 빠르게 수업을 진행하는 선생님의 설명을 모두 놓치게 되고, 정리에만 너무 치중해 수업을 제대로 듣지 못하기 때문입니다.

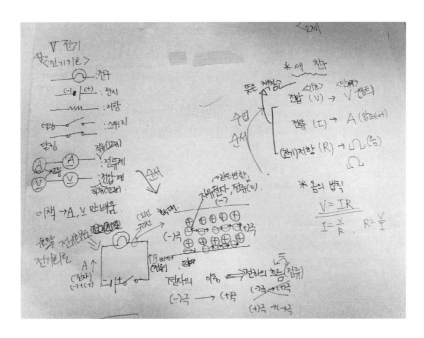

수업 시간에 연습장을 이용해 필기를 할 때는 무작정 적습니다. 다른 사람이 알아보지 못해도 상관없습니다. 선생님이 말씀하시는 것은 최대한 무조건 받아 적는 것이 중요합니다. 자신이 알아볼 수 있는 기호나 글씨를 이용해 선생님이 말씀하시는 내용을 모두 받아 적으면서 수업을 듣는 것이 목적입니다.

그러나 자신도 알아보지 못할 정도의 글씨로 작성하면 안 되겠죠? 수업 순서도 알아두어야 하기 때문에 어떤 식으로 진행되었는지 문단을 구별해 두거나 화살표를 이용해 표시해 두는 정도는 해야 합니다.

참고서를 충분히 활용하여 시간 절약

참고서에 적힌 내용은 힘들게 적지 않아도 됩니다. 저희 학교 과학 수업은 교과서를 중심으로 수업을 진행하지 않고 참고서를 중심으로 수업을 진행하기 때문에 가끔 참고서에 적혀있는 내용 그대로를 노트필기 하는 경우가 있습니다. 그런 경우 '○○ 문제집 몇 페이지 어떤 내용'이라는 글씨만 적어두고 연습장에 필기하는 대신 참고서에 밑줄을 긋는답니다.

선생님이 중요하다고 강조하는 내용은 막필기에도 표시를 하고, 참고서 혹은 교과서에도 표시를 해둡니다. 나중에 어떤 책을 펼치더라도 '아, 이

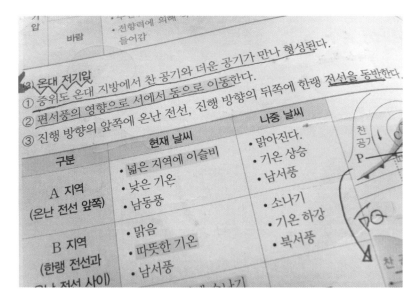

부분은 정말 중요한 부분이라 강조하셨지!'라고 알아볼 수 있게 말이죠.

포스트잇이나 여백 활용

막필기를 하고 참고서에 밑줄을 긋는 대신 참고서에 설명을 받아 적는 경우도 있습니다. 앞서 언급했듯이 참고서 위주로 수업을 진행하기 때문에 필기하는 내용이 대부분 참고서의 요점 정리 내용과 겹칩니다. 그림을 많이 그려야 하고 부가적인 설명을 많이 적어야 하는 단원이 아닌 경우 참고서를 이용하며 필기를 하기도 합니다.

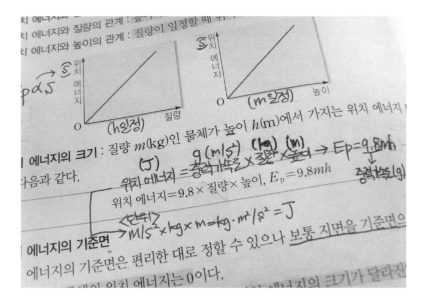

여러 소단원 중 1~2개 정도 필기할 양이 상대적으로 많은 것들이 있습니다. 그 몇몇 단원을 위해 노트를 별도로 마련할 수는 없으니 포스트잇이나 문제집의 여백을 최대한 활용해 적어줍니다.

노트필기를 하는 모든 과목을 막필기로 공부하는 것보다 자신에게 취

약한 과목, 혹은 이해를 중심으로 공부하는 과목만 막필기를 이용하는 것이 좋습니다. '막필기'는 수업 시간에 한 번 필기하고 끝내면 절대 안 되는 필기이므로 별도로 많은 시간을 투자해서 정리해야 합니다. 그러므로 기타 다른 과목 공부에 막필기를 이용하는 것은 추천하지 않습니다.

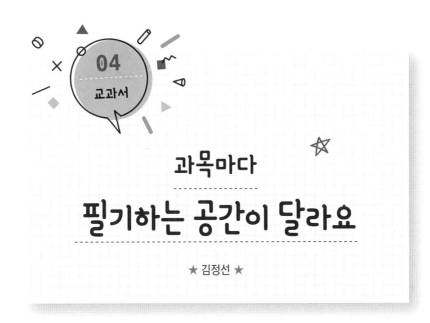

과목마다

필기하는 공간이 달라요

★ 김정선 ★

여러 과목 중에서 교과서가 특히 중요한 과목이 있습니다. 이러한 과목은 교과서를 중심으로 공부해야 합니다. 그리고 교과서가 중요하기도 하지만 다른 부교재가 필요한 과목도 있습니다. 노트를 이용해 공부해야 하는 과목도 있고, 다른 자료들을 이용해 공부해야 하는 과목도 있습니다. 이처럼 과목마다 공부하는 방법이 다르듯이 필기하는 공간도 달라집니다. 그럼 과목에 따라 어떤 식으로 필기해야 하는지 살펴볼까요?

하나, 교과서를 활용해 필기하자

중학교 국어 점수는 교과서만 꼼꼼히 읽어도 80점대는 나온다고 말을 하는 친구들이 많습니다. 이렇게 중학교 국어는 교과서의 영향이 매우 큽니다. 저는 중학교 때 국어 공부를 위해 따로 노트필기 하는 것은 맞지 않을 수 있다고 생각합니다. 물론 국어라는 과목 자체를 좋아해서 수업 시간에 배운 시나 소설을 따로 정리하고자 노트필기를 하는 경우도 있습니다. 어쩌면 이것은 내신 시험 대비가 목적이라기 보다 고등학교나 수능까지 대비하는 노트필기라고 할 수 있습니다. 시간도 많이 들어가는 것은 물론입니다.

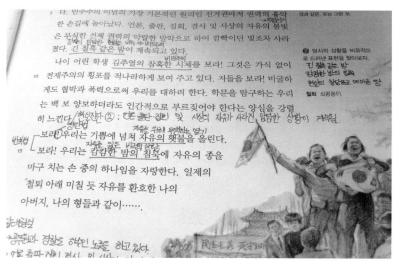

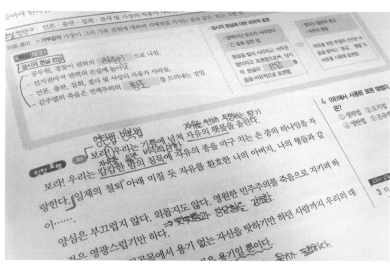

그래서 저는 국어의 경우 내신 시험을 위해 따로 노트 정리를 하는 것보다 교과서에 많이 필기를 하는 편이었습니다. '중학교 국어 = 교과서'라고 생각했기 때문입니다. 진도가 시급한 경우 국어 선생님의 말씀이 빨라지고 받아 적으면 적을수록 정리는 엉망이 되어가는 경우도 있습니다. 그럴 때는 우선 교과서에 선생님의 모든 수업 내용을 받아 적은 다음 평가문제집이나 자습서 혹은 다른 문제집에 다시 옮겨 적었습니다. 이 과정에서 몰랐던 것도 이해하고 전체적으로 다시 한번 내용 정리가 되어서 좋았습니다.

워드프로세서를 이용하여 본문을 직접 입력하여 인쇄한 다음 그 위에 다시 필요한 부분을 필기하는 것도 좋습니다. 국어는 긴 지문이 많기 때문에 이 방법도 적당치 않을 때에는 본문이 수록되어 있는 문제집을 활용하는 것이 시간 절약 차원에서 더 효과적이라고 할 수 있습니다.

국어뿐 아니라 흐름을 이해하고 암기를 많이 해야 하는 사회나 역사 과목도 교과서를 이용하여 필기하였습니다.

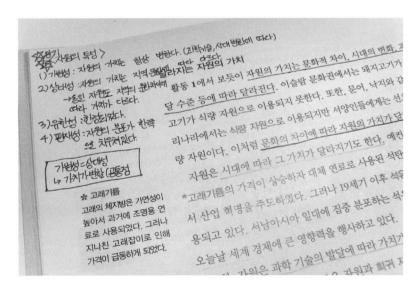

수업이 끝난 후 집에서 배운 내용을 정리하거나 시험 기간에 개념 이해를 위해 노트 정리를 따로 하더라도 수업 내용은 무조건 교과서에 받아 적는 편입니다. 교과서가 아닌 노트에 받아 적을 경우 어떤 내용이 어떤 내용과 연관되어 있는지 헷갈리고 특히 흐름이 중요한 역사는 더 혼동이 올 수 있기 때문에 교과서의 여백과 지문을 활용하면서 필기하는 것을 추천합니다.

둘, 노트를 활용해 필기하자

학교 선생님의 설명을 바탕으로 시험이 출제되는 기술·가정이나 기타 과목은 선생님의 설명을 토대로 별도의 노트를 마련해서 따로 정리하고 있습니다. 물론 학교 선생님의 수업 방식에 따라 교과서에 필기를 해야 할지, 노트에 필기를 해야 할지 스스로 정해야 합니다. 저의 학교는 교과서 내용도 중요하지만 기술 과목은 노트필기 한 내용에서 대부분의 문제가 출제됩니다. 이런 경우 선생님의 수업 내용을 바탕으로 수업 시간에 직접 노트필기 하면서 선생님이 교과서를 이용하실 때는 교과서를 적극 활용해 필기해야 합니다.

셋, 수업 시간에 필기하지 않는 과목도 있다

수학은 대부분 필기를 하지 않아요. 학교 수업 시간에 선생님께서 필기하라는 내용을 제외하면 모두 교과서 혹은 참고서를 간단하게 읽어보면 됩니다. 그러나 이것과 별개로 수학 노트는 꼭 만들어 두어야 합니다. 수업 시간에 선생님이 써 주신 개념은 교과서 내용을 확인하며 밑줄만 그어도 되지만 선생님이 풀어 주시는 문제는 풀이와 함께 따로 적어두는 것이 좋기 때문입니다.

서술형 평가가 강조되고 있는 요즘 채점하시는 분은 학교 선생님이시죠? 그렇기 때문에 문제집의 풀이도 중요하지만 선생님의 풀이가 제일 중요하므로 혹시 선생님께서 처음부터 끝까지 풀어 주시는 문제가 있다면 꼭 적어두는 것이 좋습니다.

선생님께서 처음부터 차근차근 풀이를 작성해 준 문제라면 그 문제는 기본적인 내용 혹은 심화된 내용입니다. 결국 모두 중요한 문제죠. 이러한 문제는 객관식 혹은 서술형으로 출제될 가능성이 높습니다. 그러므로 노트에 옮겨 필기해 두고 꼭 알아두어야 합니다.

국어는 교과서와 노트로
필기 내용을 분리시키자

★ 성정은 ★

국어는 노트필기 하기에 굉장히 골칫덩어리인 과목입니다. 본문과 같이 공부를 해야 하기 때문에 노트필기만으로 완벽하게 공부할 수 없는 과목입니다. 그래서 국어는 교과서와 노트에 필기할 내용을 분리시켜야 합니다.

본문 내용은 교과서에, 기호와 색으로 수업 따라잡기

일단 교과서에 정리할 내용은 본문과 관련된 내용입니다. 시나 소설에 대한 해석이나 비유법이 쓰인 지점 등을 알아야 하는 것처럼 본문과 반드시 같이 봐야 할 개념들은 교과서에 정리해 줍니다. 이런 내용들을 노트에 썼다가는 교과서와 노트를 번갈아 가면서 보거나 쓸데없이 많은 양의 본문을 노트에 써야 하는 비효율적인 시간 배분이 이루어질 수 있기 때문입니다.

　　본문에 개념을 정리할 때는 형광펜이나 눈에 띄는 색 펜을 써서 줄을 긋고 표시를 해 주면 좋아요. 본문을 정리할 때 선생님의 말씀을 잘 들으면서 그때그때 필기를 해야 하기 때문에 너무 많은 펜을 번갈아 가면서 쓰지 말고 최대한 시간을 단축할 수 있도록 기호를 사용하는 것도 좋습니다. 기본적으로 검정, 파랑, 빨강을 이용하여 선생님이 언급하신 중요도에 따라 색을 다르게 하는 것은 기본입니다.

기본적인 국어 개념 + 문법은 노트에 상세하게

본문과 관련된 내용을 수업 시간에 교과서에 정리하였다면 기본적인 국어 개념이나 문법같이 본문 설명과 직접 관련은 없으나 정리할 게 많은 내용은 따로 노트에 정리합니다. 교과서에 이런 국어 개념이나 문법을 설명하기에는 필기 공간이 많이 부족하기 때문이죠.

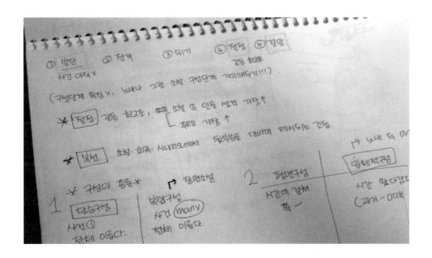

설명이 많은 개념들을 노트에 적을 때에는 보기 쉽고 암기하기 쉽도록 표로 정리하는 것도 좋습니다. 또한 중요한 낱말에는 눈에 띄는 색으로 표시를 하고(노랑, 빨강) 어떤 것에 대한 예시 작품을 적을 때는 참고용이라는 뜻으로 검은색보다는 빨간색이나 파란색으로 써 주는 것이 좋습니다.

예를 들어 1인칭 관찰자 시점의 '나=화자=주인공(×)'의 예를 보여 주는 작품인 '사랑방 손님과 어머니'를 참고 내용으로 쓴다면 그 부분은 다른 색의 펜으로 써 주는 것이죠. 조금 더 국어 개념을 쉽게 이해하기 위해서는 이런 예시 작품들을 많이 써 주어야 합니다.

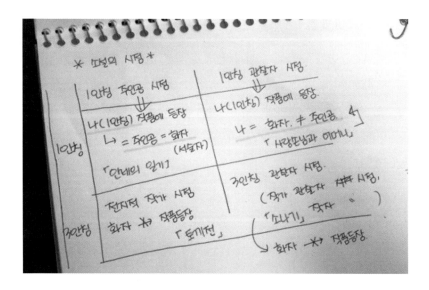

 국어는 본문이 아주 길다는 특징을 가지고 있기 때문에 모든 내용을 노트에 써가면서 공부할 수는 없습니다. 그러므로 본문과 직접적으로 연관된 내용들은 수업을 들으면서 교과서에 정리하고 나머지 국어 개념이나 문법같이 설명이 많아 교과서에 쓰기 힘들고 교과서 본문과 직접적인 연관이 없는 부분은 노트에 정리를 해줍니다.

 이렇게 교과서와 노트에 정리할 부분을 나누어 필기하면 국어 공부를 보다 효율적으로 할 수 있습니다.

★ 장혜영 ★

국어라는 과목은 특히 수업 시간 교과서에 필기하는 내용이 중요합니다. 다른 과목과는 다르게 노트에 필기하기 어려운 과목입니다. 최대한 교과서의 빈 공간을 활용하여 선생님이 설명하시는 것을 빼 놓지 않고 필기해야 합니다.

또, 검은색 글씨의 지문과 구분되도록 필기하는 것이 중요하겠죠? 그동안 저자가 경험한 것을 토대로 국어 교과서 필기법에 대해 알려드리겠습니다.

교과서 필기, 갈래를 파악하자

국어에서 문학의 경우는 갈래 정리가 중요합니다. 저는 갈래, 제재, 주제, 특징 등을 정리해서 제목 바로 아래 파란색 펜으로 정리해 놓습니다. 이 정리는 학교에서 선생님이 해 주시는 경우도 있지만 그렇지 않은 경우 자습서나 문제집에서 찾아서 적어놓습니다. 이 부분에 대한 파악이 되어야 전체적인 흐름을 알 수 있습니다. 특히 문학은 갈래가 중요하기 때문에 갈래에 대한 이해가 되어야 시험 문제를 쉽게 풀 수 있어요. 물론 갈래 자체에 대해 시험 문제가 나오는 경우도 있습니다. 만약 어떤 글의 갈래가 '소설'이라면 소설이라는 갈래가 지니는 특성을 알아두면 시험 공부할 때 도움이 됩니다.

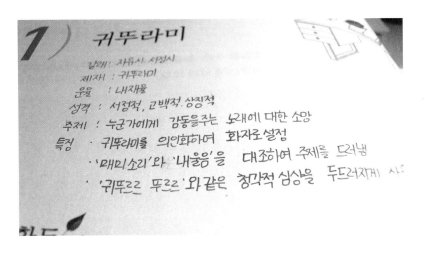

수업 시간 교과서 필기, 2가지 색 펜을 이용해라

국어 수업 시간에 필기할 때 2가지 색의 펜을 사용하는 편입니다. 시는 파란색 펜으로 내용에 대한 설명을 필기하고, 빨간색 펜으로 각 연을 정리하여 필기합니다. 국어 교과서에 필기할 때 검은색 펜을 이용하여 지문에 필기를 한다면 나중에 공부하면서 눈에 잘 들어오지 않기 때문에 보통 빨간색, 파란색 펜을 이용하곤 합니다.

시뿐만 아니라 소설과 같은 지문에서도 '간접적 제시'와 같은 문법적인 내용은 파란색 펜으로, '계몽 운동에 대한 학생들의 열정과 의지'와 같은 주제에 대한 내용은 빨간색 펜으로 필기합니다.

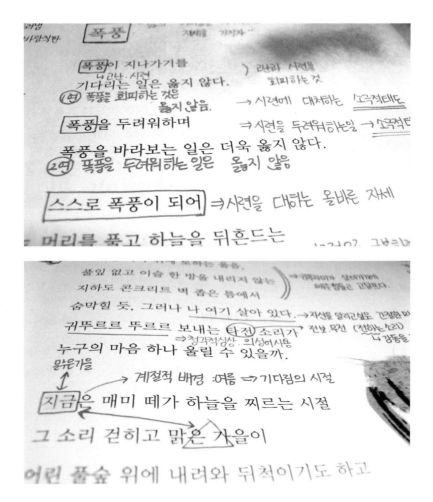

또한, 문단 정리는 빨간색 펜으로 필기한 내용과 구분이 가능하도록 파란색 펜으로 필기합니다.

특히 설명문이나 주장 글을 읽다 보면 번호를 붙여 가면서 읽어야 하는 것들이 있습니다. 바로 위의 사진처럼 '한국어에 담긴 문화적 특성의 기능'에 대한 내용이 나열되어 있기 때문에 숫자를 붙여가면서 밑줄을 그어 줍니다. 그 아래 사진에서는 주장에 대한 내용이 2가지여서 숫자를 붙여서 구분했습니다.

시에서도 마찬가지입니다. 아래 사진을 참고하면, '순간적인 속성을 지닌' 대상이 2가지이기 때문에 여기에 번호를 붙여두었습니다. 이렇게 필기하면 다음에 볼 때 어떤 대상이 서로 같은 특성을 가졌는지 한눈에 파악이 되어 편합니다.

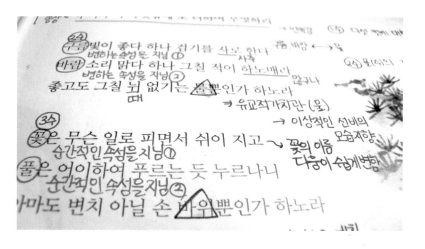

아래 사진은 박씨전에 대한 이야기입니다. 역시 문법적인 필기는 파란색 펜으로, 내용적인 필기는 빨간색 펜으로 필기했습니다.

　　다음 사진에 있는 글은 중학교 2학년 때 배운 '소나기'입니다. 선생님께서 수업 시간에 소년의 성격을 알 수 있는 부분과 소녀의 성격을 알 수 있는 부분을 구분해서 설명하셨습니다. 그래서 2가지 색의 형광펜을 이용하여 구분해서 필기했습니다. 선생님께서 수업 시간에 2가지 정도 비교해서 설명하시는 경우 2가지 색의 형광펜으로 표시하면서 구분해 주면 나중에 교과서를 읽거나 공부할 때 한눈에 들어오고 공부하기도 훨씬 수월하답니다.

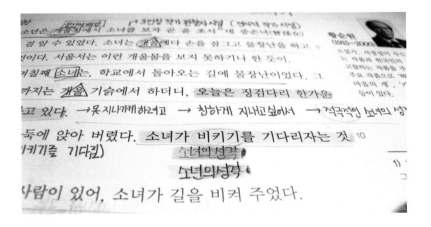

설명문, 용어 설명에 주의해라

　　저희 학교 교과서의 특징은 '형태소', '음운' 등과 같은 문법적인 내용을 글로 풀어서 설명했다는 것입니다. 그래서 설명문 형식으로 된 글 안에 모든 내용이 다 들어가 있어서 처음에 흐름을 이해하기는 쉬웠지만, 개념적으로 딱딱 정리가 되어 있지 않아서 공부하면서 좀 힘들었습니다. 그래서 항상 개념과 관련된 내용이 나오면 그 단어에 형광펜을 칠하거나 네모 박스를 쳐두고, 그 단어에 대한 개념은 밑줄을 그어놨습니다.

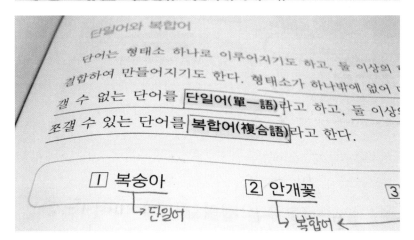

선생님의 부연 설명, 교과서 빈 공간을 활용해라

국어 수업을 듣다 보면 교과서에는 없지만 이해를 돕기 위해 선생님께
서 추가로 설명해 주시는 경우가 있습니다. 이럴 때에는 교과서의 빈 공간
을 활용하면 됩니다.

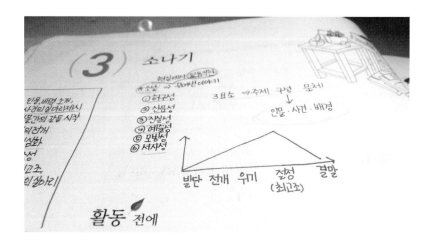

또한 국어 선생님이 수업 시간에 따로 필기할 시간을 주시는 경우에도 필기를 하면서 중요한 내용은 빨간색으로 적어둡니다. 모두 다 검은색 펜으로 필기하는 것보다 빨간색으로 중요한 내용을 적어두면 시험 전에 한 번 쭉 훑어볼 때 중요한 것만 눈에 쏙쏙 들어와서 좋습니다.

특히 소설을 공부할 때에는 어떤 물체에 의미를 부여하는 경우가 많습니다. 이런 것은 옆의 빈 공간에 필기합니다. 그리고 이런 내용이 서술형

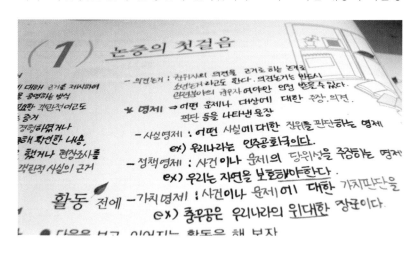

으로 나오는 경우가 있어서 소설의 내용에서 중요한 역할을 하거나 문제
집을 풀면서 서술형으로 나왔던 경우는 다음 사진처럼 네모 박스를 그려
서 더 강조해 둡니다.

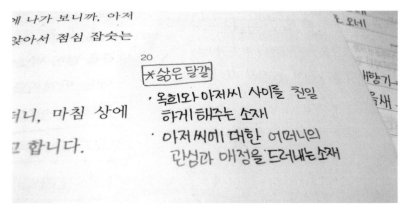

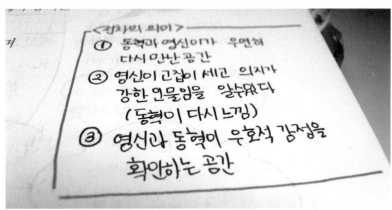

　　그 외에도 선생님께서 부가적으로 설명하신 내용은 빈 공간을 이용해
서 필기합니다. 이런 내용에서도 분명히 시험 문제가 나오고 서술형으로
까지 출제되기 때문에 되도록 선생님께서 이야기 하신 것은 모두 교과서
에 적으려고 노력해야 합니다.

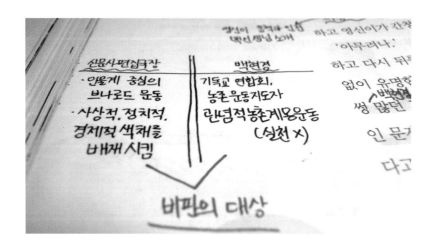

수업 시간 필기, 이것만은 주의

무엇보다 수업 시간에 필기할 때 가장 중요한 것은 필기하느라 선생님의 말씀을 놓치면 안 된다는 것입니다. 그래서 저는 수업 시간에 필기할 때에 한두 가지 색만 거의 이용하는 편입니다. 물론 과목에 따라 다르지만, 대부분 검은색 펜으로 필기하고, 중요한 내용만 빨간색 펜이나 파란색 펜으로 필기한답니다.

수업 시간에 필기를 하다가 수업을 놓친 부분이 생겼는데, 그 놓친 내용이 시험에 나온다면 당연히 틀릴 수밖에 없겠죠. 수업 시간에 필기를 놓치면 친구 노트를 빌려서라도 채워 넣을 수 있지만, 선생님의 말씀을 놓치면 그것은 채워넣을 수 없답니다.

07 복습

그날 복습해야 하는 이유가 있다, 당일 복습의 효과

★ 신윤정 ★

주변에서 최상위권을 차지하는 학생들의 이야기를 들어보면 초등학생부터 대학생까지 눈에 띄는 공통점을 찾아볼 수 있습니다. 그것은 바로 '복습'입니다. 여기서 복습은 시험 기간에 하는 복습이 아닌 일상에서 매일매일 하는 복습을 뜻합니다. 그리고 이 복습이 최상위권과 직결되는 데에는 분명한 이유가 있습니다.

에빙하우스 망각 곡선

"난 왜 자꾸 잊어버리는 거지? 시험 기간만 되면 생각이 안 나. 난 바보인가?"

누구나 한 번쯤은 이런 생각을 해 보았을 겁니다. 하지만 이렇게 잊어버리는 것은 인간으로서 아주 자연스럽고 당연한 현상입니다.

'에빙하우스 망각 곡선'이라는 것이 있습니다. 공부에 관련된 강의나 책을 한 번쯤 보았다면 들어보았을 겁니다. 에빙하우스 망각 곡선은 독일의 심리학자 헤르만 에빙하우스 박사에 의해 발견된 것으로 아래 그래프에 잘 나타나 있습니다. 인간의 기억은 시간의 흐름에 따라 제곱의 반비례로 감소한다는 것을 밝혀낸 것으로 한 번 기억한 것이 8분이 지나면 점점 잊어버리기 시작해서 한 시간만 지나면 50% 정도 잊어버리게 되고 한 달이 지나면 20%도 채 남아있지 않게 된다는 것을 보여 주는 곡선입니다.

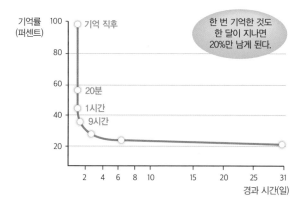

이러한 망각으로부터 기억을 지켜내려면 우리는 '복습'을 해야 합니다. 10분 후에 복습하면 1일 동안 기억되고, 다시 1일 후에 복습하면 1주일 동안 기억되며, 1주일 후에 복습하면 다시 1달 동안, 1달 후에 복습하면 6개월 이상이 유지된다는 사실이 밝혀졌습니다. 천재가 아닌 이상 좋은 성적을 유지할 수 있는 비밀은 바로 이 '복습'에 있습니다.

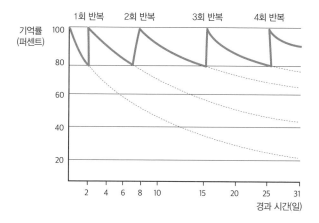

복습은 언제 하면 좋을까?

그렇다면 복습은 언제 하는 것이 좋을까요? 망각 곡선과 복습의 효과에 따르면 같은 내용을 10분, 1일, 1주일, 1달, 이렇게 4번을 복습하는 것이 가장 이상적이고 좋은 방법입니다. 하지만 공부할 내용과 범위가 많을 때 이런 복습을 계획해서 성공할 수 있을까요? 당연히 힘들다고 생각합니다. 그래도 저는 최소한 그날그날 복습은 필요하다고 생각합니다. 시험 기간에 다시 볼 때 수업 시간에 공부했던 내용들을 더 기억하기 위해서 말이죠.

가장 좋은 시간은 수업이 끝난 후 쉬는 시간입니다. 현실적으로 어려운 시간이기는 하지만 그만큼 효과는 가장 크다고 생각합니다. 저의 경우에도 참을 수 없는 졸음이 오지 않는 이상 쉬는 시간에 복습을 합니다. 하지만 쉬는 시간이 너무 힘들고 어렵다면 고등학생의 경우 점심 시간이나 자습 시간, 중학생의 경우 역시 점심 시간이나 집에서 자습할 시간에 복습을 하는 것이 좋습니다. 학교에서 배웠던 교과서 등의 책을 전부 집에 가져오기 힘드니 학교에서 복습하는 것이 가장 좋겠죠?

학습장 필기,
과목별 15분이면 충분!

★ 신윤정 ★

매일매일 복습은 어떻게 하면 좋을까요? 많은 방법이 있지만 학교에서 배운 내용을 복습하는 데만 모든 자습 시간을 사용하기에는 해야할 일이 너무 많습니다. 그래서 저는 저만의 학습장을 사용합니다.

학습장 필기는 배운 내용을 모두 암기하는 데 그 목적이 있는 것이 아닙니다. 그날 배운 내용을 한 번 들은 것에서 그치지 않고 머릿속에서 재구성하여 흐름이나 중요한 내용을 내 것으로 만드는 데 있습니다. 그래서 모든 내용을 자세하게 정리할 필요는 없다고 생각합니다. 내용의 줄기만 잡는 필기면 충분합니다.

보지 않고 무작정 써 보기

우선 학습장으로 사용할 노트 한 권을 준비합니다. 그리고 검은색 펜도 함께 준비해 주세요. 그런 다음 배운 내용들 중 기억나는 것들을 정리해 봅니다. 여기서 중요한 점은 예쁘고 깔끔하게 정리하기 보다는 여백을 두고 골격이 보이게끔 정리하는 것입니다. 기억나지 않는 부분은 빈칸으로 표시해 주면 됩니다.

정리하다 기억이 나지 않는다고 책을 들춰보는 건 좋지 않아요. 자신이 기억한 내용만을 적습니다. 또 적는 시간은 길지 않아야 합니다. 짧은 시간 안에 머릿속에 기억된 내용을 적어 보는 게 목적입니다. 내용이 많고 적고는 상관없어요. 여기서 적은 내용은 시간이 지나도 대체로 머릿속에 오래 남는 경우가 많습니다.

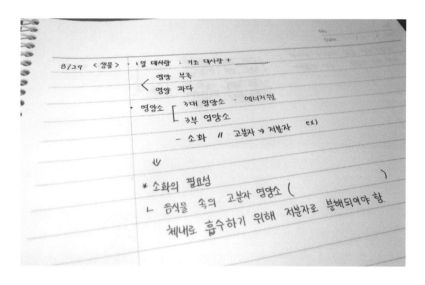

책을 펼친 후 빈 칸 채우기

기억한 내용들을 모두 적었다면 이제 수업 시간에 배웠던 내용들, 필기했던 내용들을 훑어보면서 스스로 적은 것들과 비교해 봅니다. 그리고 다른 색의 펜으로 틀린 부분을 고치고 적지 못한 부분을 채워나갑니다. 앞에서도 강조했듯이 세세한 부분까지 적을 필요는 없다는 것이 중요합니다.

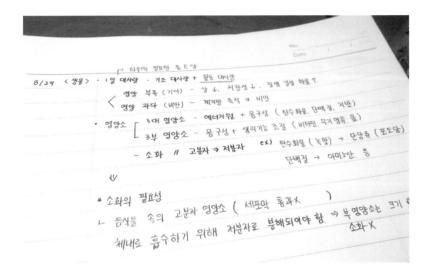

눈으로 훑어보기

마지막으로 완성된 필기를 눈으로 한 번 훑어봅니다. 이 과정까지 모두 마치고 나면 저의 경우 한 과목당 짧으면 5분, 길면 15~20분 정도 걸립니다. 하루에 배웠던 주요 과목을 복습한다고 해도 한 시간 내외로 시간이 소요되기 때문에 적절한 시간이라고 생각합니다. 그리고 분명 이 시간을 투자한 것에 대해서는 시험 준비하는 기간이나 시험을 본 후 성적표를 받아 보고서 그 효과를 느끼게 될 것입니다.

필기한 내용, 다시 한번 점검해 보자

★ 김정선 ★

복습의 필요성은 주위에서 많이 들어보셨죠? 그날 배운 내용을 그날 복습해야 기억을 더 잘하게 되고, 나중에 다시 공부할 때도 도움이 많이 된다고 합니다. 저의 경우 예전에 무작정 예습과 복습을 하자는 생각으로 공부했지만 지금은 복습만 조금씩 하고 있습니다. 어떤 방식으로 복습하는지 소개하겠습니다.

막필기를 했다면 반드시 스스로 다시 정리

앞에서 언급했듯이 저는 수업 시간에 막필기를 한다고 했습니다. 거의 빠짐없이 막필기를 하는데, 수업 시간에 한 막필기로 끝내면 절대 안 됩니다. 아무리 자신이 알아볼 수 있도록 정리했다 해도 빠른 속도로 받아 적고 수업도 함께 들었기 때문에 일정 시간이 지나면 어떤 내용인지 기억이 안 나고 심지어는 자신의 글씨도 못 알아보는 경우가 있습니다. 그렇기 때

문에 막필기를 했다면 그날 바로 얇은 노트나 또 다른 연습장을 이용해 다
시 정리해 주어야 합니다.

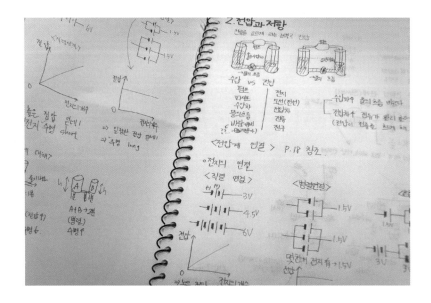

　다시 정리할 때는 막필기보다 글씨도 바르게 쓰고, 내용 정리도 더 깔
끔하게 해서 나중에 확인해도 알아볼 수 있도록 합니다. 수업 시간에 막필
기를 끝낸 직후 집으로 돌아와 바로 노트에 정리해도 좋지만 저는 우선 참
고서의 문제를 어느 정도 풀어본 후 모르는 내용을 중심으로 노트필기를
합니다.

암기 과목은 학교에서 해결

　중학교 2학년 때 예습과 복습이 중요하다는 주위의 말 한 마디에 새 학
기부터 교과서를 모두 집에 놔둔 채 그날 수업이 있는 과목의 교과서를 모
두 들고 등·하교했던 적이 있었습니다. 체육이나 음악 등의 기타 과목도

무조건 집에 놔두고 수업이 있는 당일 학교에 가지고 다녔어요.

　그러나 나중에 다시 되돌아보니 매일 전과목 예습과 복습을 한 기억은 단 한 번도 없었습니다. 선생님께서 자세히 설명해 주시기 때문에 예습이 필요 없다는 이유와 수업 진도가 조금밖에 나가지 않았으니 나중에 복습하자는 이유로 모든 책을 가방 속에 넣어 다니기만 했어요.

　이러한 경험을 토대로 이제 교과서는 대부분 학교에 놓고 다니고 있습니다. 주말마다 주요 과목 교과서를 가지고 오기는 하지만 암기 과목과 기타 과목은 시험 기간을 제외하면 모두 학교에 보관해 둡니다. 그리고 평소에 학교에서 교과서를 간단하게 읽어보곤 합니다.

　수업이 끝난 직후에도 교과서를 바로 덮는 것이 아니라 오늘 배웠던 중요한 내용만이라도 살짝 훑어보고 자리에서 일어섭니다. 프린트물을 이용하며 수업했다면 프린트물을, 교과서를 이용해 수업을 했다면 교과서를 약 1, 2분 정도 읽습니다. 물론 매 쉬는 시간마다 복습을 하는 것은 아닙니다.

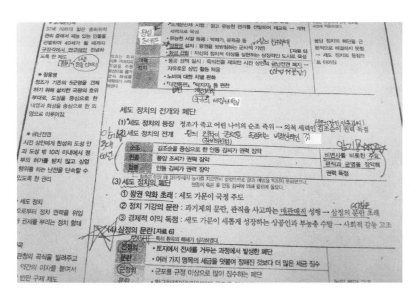

선생님께서 수업을 1, 2분 일찍 끝내 주실 때는 끝나는 수업 종 치기 전에 복습하고, 수업 시간에 바로 이해한 내용이라면 복습을 하지 않기도 합니다.

제가 주로 복습한 과목은 사회와 역사입니다. 주요 과목인 국어는 중단원이 끝날 때와 시험 기간을 제외하면 따로 공부하지 않았어요. 수학은 대부분 매일 숙제가 있고, 집에서 풀어야 할 참고서가 있기 때문에 학교보다는 집에서 합니다. 과학은 앞서 언급했듯이 막필기를 이용해 필기하기 때문에 막필기가 잘 되었는지 간단하게 점검하고 집에서 옮겨 적어요. 영어는 숙제가 있을 경우 집에서 하고, 대부분 내신과 관련된 내용이 아닌 스스로 공부하고 있는 내용을 중심으로 공부합니다. 시험 기간에만 본문과 대본을 읽고 문제를 풀어요. 기타 암기 과목은 시험 1, 2주 혹은 며칠 전에 간단하게 훑어보는 정도랍니다.

자신이 꼭 복습을 해야겠다고 생각하는 과목은 수업 시간 끝나고 쉬는 시간을 잠깐 이용하거나 집에서 전체적으로 공부하면 됩니다. 그렇지 않으면 대단원이나 중단원이 끝났을 때, 혹은 시험 기간에 제대로 공부해도 충분히 좋은 성적을 거둘 수 있답니다. 단, 학교 수업 시간을 충실히 임했다는 가정 하에 얘기하는 것임을 절대 잊지 마세요.

중단원 끝날 때
내용 이해도 끝낸다

★ 김정선 ★

중학생 기준으로 수업 일수가 한 주에 4~5 단위로 구성되어 있는 과목은 대부분 1주일에 중단원 하나가 끝납니다. 4~5 단위로 구성된 과목은 대부분 국어, 수학, 사회·역사, 그리고 과학이나 영어 등의 주요 과목입니다. 시험 기간에 열심히 공부하는 것도 중요하지만, 꾸준한 복습을 통해 내용을 이해해야 나중에 시험 공부가 훨씬 수월하답니다. 그렇다면 어떤 식으로 복습하는 것이 확실하게 머릿속에 넣을 수 있을까요?

앞서 여러 번 막필기에 대해 소개했습니다. 수업 시간에 이면지나 연습장을 활용해 필기를 하고 그날 집에 와서 다시 정리를 하는 것입니다. 그리고 나서 매 주말마다 그동안 공부했던 내용들을 모아 노트 정리를 합니다. 한 주 동안 공부한 내용은 대략 중단원 하나 정도라서 필기할 양이 적당합니다.

1주일에 한 번 중단원 공부

우선 노트필기를 하기 전 참고서에 있는 문제를 풀어 봅니다. 문제를 푸는 과정에서 자신이 잘 모르고 있었던 내용이 무엇인지 알게 되고 그 내용을 더 자세히 읽어보며 노트에 정리할 수 있기 때문에 개념 이해를 확실히 할 수 있습니다.

그리고 문제를 풀 때 참고서에 바로 답을 적어가며 푸는 대신 포스트잇이나 노트에 답을 적어두고 틀린 문제만 참고서에 표시해 둡니다. 이렇게 하면 나중에 시험 공부를 본격적으로 시작할 때 자신이 틀린 문제와 헷갈려 하는 문제 유형을 여러 번 반복해 풀 수 있습니다.

이렇게 문제를 풀어본 다음 자신이 취약하거나 혹은 이해가 되지 않는 개념을 알아가면서 노트 정리를 한다면 필기하는 과정에서 개념 이해도 가능하고 시험 공부에도 도움이 됩니다.

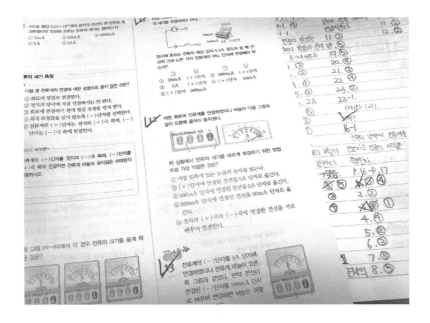

막필기를 제대로 필기하기

막필기를 하고 나서 문제를 풀어본 후 다시 한번 제대로 노트필기 하는 과정은 많은 시간이 소요됩니다. 하지만 그만큼 시험 공부에 투자해야 하는 시간도 단축되고 수업 시간에 바로 노트필기를 하는 것보다 이해도 훨씬 잘 됩니다. 그리고 이렇게 정리된 노트는 시험 당일에도 유용하게 사용됩니다.

전체적인 개념 정리도 되어 있고, 자신이 부족한 내용이 따로 표시되어 있을 뿐만 아니라 문제를 풀면서 알게 된 새로운 내용은 다른 색깔이나 연필을 이용해 작게 메모해 두었으니 '자신의 맞춤형 개념서'가 한 권 완성된 것이나 다름없죠.

자신의 스타일대로 필기를 하면서 성취감도 얻고 단계적인 방법을 거치면서 어려웠던 개념을 이해할 수 있게 됩니다. 따라서 노트필기에 대한

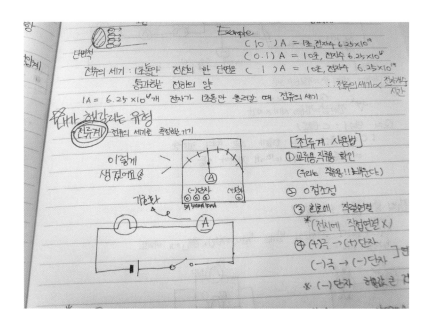

자신의 생각이 긍정적으로 바뀌는 것은 물론이고 공부에 더 흥미가 생길 수도 있습니다. 과정 자체는 힘들고 긴 시간이지만 시험장에 참고서나 교과서 한 권 들고 들어가는 것보다 여러 과정을 통해 만들어진 '나만의 개념서'를 들고 가서 마지막으로 점검한다면 더 뿌듯할 뿐 아니라 결과도 만족스러울 겁니다.

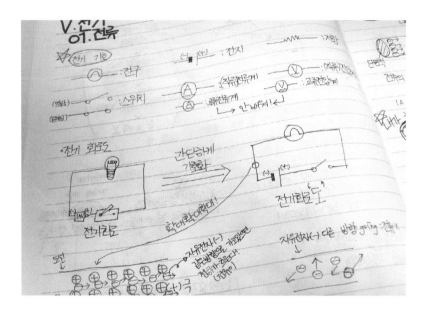

Note

Part 3.

노트필기 공부의 핵심

단권화&요약 필기

Smile

01 단권화

단권화, 어떤 것이 있을까?

★ 신윤정 ★

단권화 필기는 호불호가 갈리는 필기법 중 하나입니다. 단권화란 말 그대로 한 곳에 모든 개념을 모으는 작업을 의미하는데 이 방법을 유용하다고 말하는 친구들도 있는 반면, 단순히 시간 낭비라고 생각하는 친구들도 있기 때문입니다. 하지만 저는 단권화 필기가 효율적으로만 한다면 시간 낭비 없이 큰 효과를 낼 수 있는 방법이라고 생각합니다.

단권화의 종류

단권화는 크게 두 가지로 나눌 수 있습니다. 나만의 노트에 하는 단권화, 그리고 교과서나 프린트물 등 자신이 선택한 교재에 하는 단권화가 있습니다. 두 가지의 장단점을 정리해 볼까요?

	노트	책 or 프린트물
장점	필기할 공간이 많아 여유 있는 필기가 가능하며 노트 하나에 모을 수 있다.	상대적으로 필기할 양이 줄어들며 대략적인 틀이 잡혀있어 필기가 용이하다.
단점	공간 배분을 잘못할 경우 지저분한 필기가 될 수도 있으며 시간이 많이 걸린다.	여유 공간이 적어 알아보기 어려워질 수도 있다.

두 가지 방법 중 어느 것이 더 좋고 더 나쁘다는 말은 할 수 없습니다. 두 가지 모두를 상황에 맞게 사용하면 됩니다. 평소 시험 기간에 공부할 때는 책이나 프린트물에 단권화 하고, 내용이 어려워서 정리하며 이해하는 것이 필요하거나 책에 할 공간이 많이 부족한 경우에는 노트에 단권화를 한 후 따로 들고 다니며 계속 보는 것이 좋습니다.

책 단권화, 더욱 더 자세하게

단권화는 얼핏 보면 단순히 수업을 듣고 교과서에 필기하는 것과 같아 보이지만 그보다 한 단계 더 자세한 필기법이라 생각하면 됩니다. 즉, 주로 수업 시간에 교과서에 필기하는 경우가 많은데, 책 단권화는 그 필기에 다른 친구들의 필기, 문제집, 자습서 등을 공부하며 필기하지 못했던 내용들을 덧붙이는 작업을 말합니다. 아무리 선생님께서 자세히 필기해 주신다 해도 분명 부족한 부분들이 있기 마련입니다. 단권화 필기는 바로 그 부족한 부분을 메꾸는 필기라고 할 수 있습니다. 한 번에 할 수도 있겠지만 관련된 새로운 내용을 배울 때마다 덧붙이는 필기가 되는 것이죠.

참고로 여기서 '책'은 굳이 교과서를 의미하는 것은 아닙니다. 학교에서 배우는 주교재를 이 단원에서는 '책'이라고 표현했습니다. 고등학교에 올라가면 주교재가 참고서인 경우도 있고, 프린트물인 경우도 있습니다.

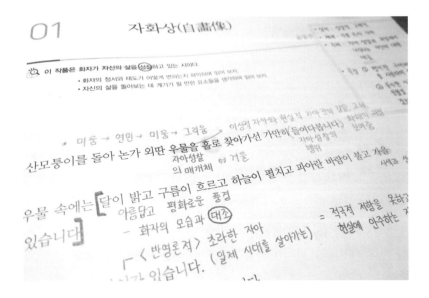

원래 필기와 차별하기

　내 노트에 덧붙이는 단권화 필기인 경우 기존의 필기와는 차별을 둬야 합니다. 펜의 색부터 달리 해야 하죠. 그 이유는 선생님의 설명을 필기한 곳에서 시험 문제가 나올 가능성이 크기 때문입니다. 그래서 다른 곳에 있는 내용을 덧붙일 때에는 선생님 설명을 필기한 것과 구분해야 합니다.

　그렇다면 단권화를 왜 할까요? 시험에 나오지도 않을텐데 말입니다. 그 이유는 꽤 간단합니다.

　시험을 보면, 혹은 문제집을 풀게 되면 분명히 아는 개념인 데도 어쩐지 그 개념만으로는 풀 수 없는 문제들이 종종 등장합니다. 그 이유는 그 개념을 확실히 이해하지 못했기 때문입니다. 분명히 개념 하나하나 암기하면 다 될 것 같지만 아무리 암기 과목이라도 이해하며 외워야만 시험 문제를 잘 풀 수 있습니다. 그래서 우리는 문제집을 푸는 겁니다. 학교에서 배운 개념을 100% 이해하지 못했다는 가정 하에 바로 문제를 풀면 틀리는 문제가 나오는 것이 당연합니다. 문제집에서 사용하는 개념 자체는 학교에서 배운 개념 뿐 아니라 그와 연관된 다른 개념들까지 다루기 때문에 한정된 부분만 알아서는 풀기 어려울 수 있습니다.

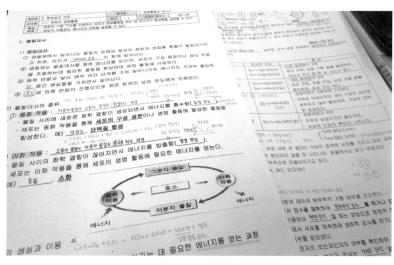

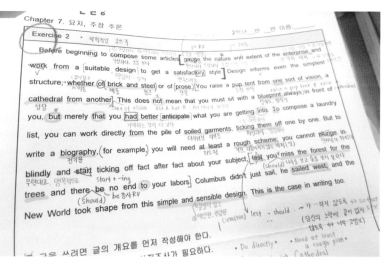

이처럼 단권화를 하면서 추가적으로 덧붙이는 필기는 사실 시험 문제에 직접적으로 언급될 확률은 적습니다. 하지만 시험 문제에 꼭 나오는 개념으로 선생님께서 가르쳐 주시고 수업 시간에 필기한 주개념을 확실하게 이해하고, 여기에 조금 더 폭넓게 이해해서 변형된 문제가 나와도 다른 개념들과 연관지어 문제를 풀 수 있게 해 주는 고마운 필기들입니다. 조금 거창하게 표현하면 현재 내신 시험 대비용이 아니라 고등학교나 수능을 목표로 중장기적인 공부를 하기 위한 것이라 하겠습니다.

하지만 어떠한 이유라 하더라도 원래의 필기와는 차별을 둬야 합니다. 시험이 촉박하지 않을 때는 모든 개념들을 머릿속에 넣고 또 이해하려고 노력할 테지만 시험이 점점 다가올수록 중요한 것과 조금 덜 중요한 것들을 구분해 놓아야 좀 더 효율적인 공부를 할 수 있기 때문이죠. 그래서 책 단권화를 할 때는 기존의 필기와 다른 색의 펜으로 필기하면서 어떤 색이 기존의 필기였는지 잘 구분해야 합니다.

사회·역사에서 가장 중요한
자료 활용 노트필기

★ 장혜영 ★

　저는 사회와 역사 과목의 경우 학교에서는 연습장 같은 곳에 검은 펜이나 연필로 필기를 한 다음, 집에 와서 복습 차원으로 수업 시간에 필기한 것과 교과서, 문제집을 모두 참고해서 다시 필기하고 있습니다. 이때, 지도나 사진과 같은 자료들을 많이 사용하는 편입니다. 특히 사진이나 지도로 설명되는 것이 중요한 과목이므로 필요할 때 자주자주 보기 위함입니다.

　사회와 역사의 경우 특히 문화재에 대한 부분을 공부할 때 사진으로 문제가 출제되는 경우가 많습니다. 이 경우 노트만 보면서 내용 공부를 한 학생들은 틀리기 쉽죠. 물론 교과서에 대부분의 그림이 있긴 하지만 단권화시키는 것을 좋아하기 때문에 문제집과 인터넷을 이용해서 관련 자료들을 모두 노트에 붙여 놓습니다.

지도를 활용하자

자료 중에 특히 지도를 많이 이용하는 편입니다. 백지도도 이용하지만 백지도로 그리기 힘든 것은 수업을 들은 후 노트 정리를 할 때 문제집이나 자습서에 있는 지도를 잘라서 붙여 놓습니다. 지도를 붙이면 사회나 역사를 공부할 때 좀 더 잘 이해할 수 있고, 특히 지형 공부할 때 이해하기 편합니다.

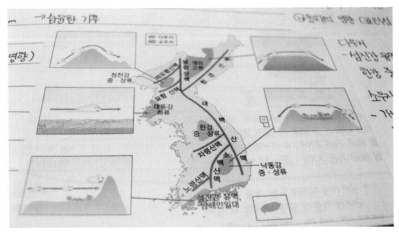

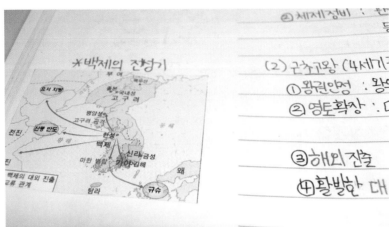

역사를 공부할 때도 마찬가지입니다. 예를 들어 백제의 전성기 시대 땅의 크기를 글자로만 암기하는 것이 아니라 지도를 붙여 놓으면 시각적으로 이해할 수 있어서 암기에도 훨씬 도움이 됩니다. 어쩌면 지도가 사회 공부를 할 때보다 역사 공부를 할 때 좀 더 많이 이용된다고 볼 수 있습니다.

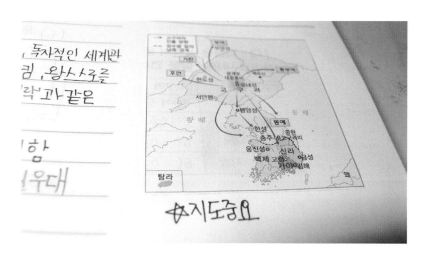

특히 수업 시간에 선생님이 교과서나 PPT 자료 등으로 보여 주신 지도는 꼭 붙여둡니다. 사회나 역사 시험에서 지도를 이용한 문제가 너무 자주 나오기 때문입니다.

지도를 눈여겨봐야 하는 이유가 있다

'어떤 시대에 대한 설명으로 옳지 않은 것은?'이라는 문제가 있을 때 '어떤 시대'를 고구려, 백제, 신라 등과 같이 문제에 제시되는 경우도 있고, 지도를 이용해서 '아래 지도와 같은 전성기를 가진 나라에 대한 설명으로 옳은 것을 고르시오.'라는 문제가 나올 경우 지도를 보고 어떤 나라인지 알 수 있어야 합니다. 사회나 역사 공부는 글로만 외우는 것이 아니라 지도 또한 약간의 암기를 하면서 이해해야 합니다.

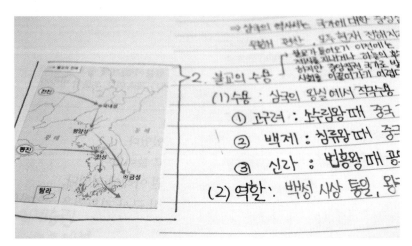

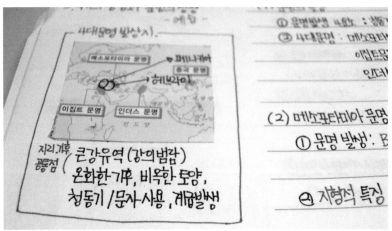

그림을 그려라&구조화 시켜라

사회 수업을 듣다 보면 특히 그림을 그려서 설명해 주시는 부분이 많습니다. 저는 그 그림들을 모두 그려 놓습니다. 제가 지금까지 쓰고 있는 노트는 각 페이지마다 옆쪽에 줄이 없는 공간이 있어서 그림 그리기가 편합니다. 중학교 1학년 때 동네 팬시점에서 보고 한 번 구입해서 써 본 뒤로 계속 그 노트를 사용하고 있습니다. 부가 설명을 기록하거나 그림을 그릴 때 아주 편리합니다.

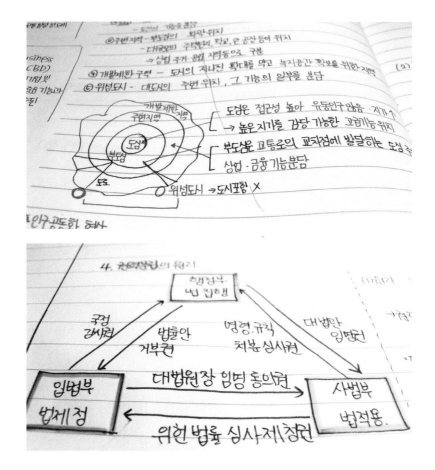

앞의 사진과 같이 내용을 좀 더 시각적으로 표현하는 것도 중요합니다. 그냥 줄글로 필기할 때 보다 간단한 도형을 이용해서 구조화시켜 필기하면 내용이 눈에 딱 들어오고 이해도 더 잘 됩니다.

사진 자료를 이용해라

필기할 때 저는 사진 자료들도 많이 이용합니다. 특히 단권화하는 것을 좋아해서 거의 모든 내용을 노트에 적을 수 있도록 노력하죠. 즉, 문제집에서 관련된 사진들을 오려서 노트에 붙입니다. 사진으로 붙여두면 내용을 시각적으로 이해할 수 있고 암기하는 데에도 훨씬 도움이 됩니다.

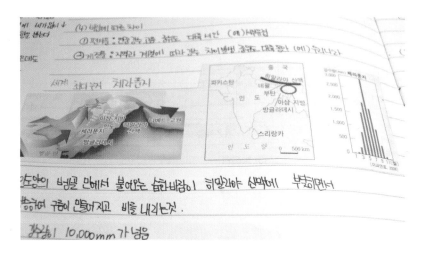

또한 시험 문제가 사진 자료를 이용해서 출제될 수 있기 때문에 사진 자료들도 꼼꼼히 볼 필요가 있습니다.

특히 저는 문화재 사진을 많이 붙여둡니다. 문화재 사진이 주어지고 '어느 시대의 문화재로 옳지 않은 것은?'이라고 문제가 나올 수 있기 때문에 이름뿐만 아니라 사진까지도 함께 기억해 두어야 합니다. 사진은 문제집에 대부분 있기 때문에 어렵지 않게 잘라서 붙일 수 있어요. 만약 문제집에서 내용 설명하는 부분에 사진이 없다면 문제 풀이 쪽에서 찾아보세요. 문화에 대해 공부하는 단원이라면 문제집에서 자주 나오는 유형이 사진을 이용한 문제이기 때문에 거의 대부분 찾을 수 있습니다.

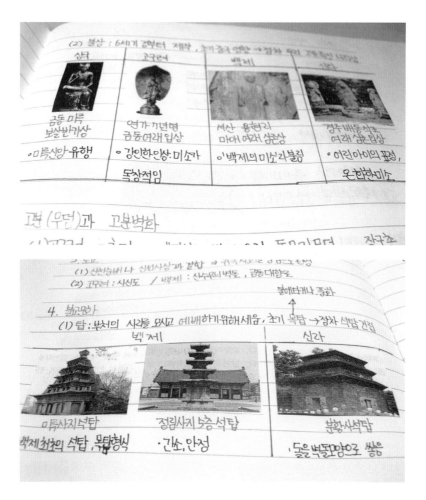

이렇게 노트 정리를 하면 시간이 많이 걸리지 않느냐는 질문을 주로 받아요. 물론 시간이 적게 걸리는 것은 아니지만 한 번 정리를 해 두면 그 다음부터 노트만 보면서 외울 수 있고, 사진과 함께 있어서 필요한 것을 암기하는 데 시간이 절약됩니다. 또 1학년 때부터 해 오던 방식이라 이젠 익숙해져서 시간 조절도 가능합니다.

다음 사진처럼 무령왕릉에 대한 내용이 시험에 나올 때 사진으로만 제시될 수 있기 때문에 사진을 함께 붙여 두고 외우면 됩니다.

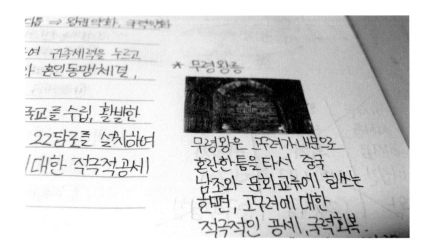

그래프를 그려라

사회 시간에는 그래프를 그리는 경우가 많습니다. 이런 경우 그래프를 모두 그려 주고 암기해야 합니다. 그래프를 이용한 문제가 사회에서는 꽤 많이 나오기 때문이죠. 그래프를 그릴 때 오른쪽 사진처럼 색 펜을 이용하면 좋아요. 다른 변수에 대한 그래프의 색을 다르게 해 주면 보기에도 편하고 암기도 쉬워집니다.

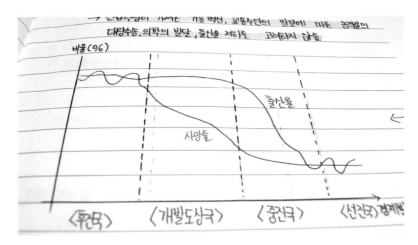

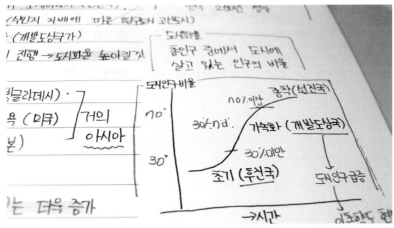

　계속 강조하는 것이 어떻게 하면 눈에 더 잘 들어올지, 이해가 더 잘 될지, 암기가 더 잘 될지입니다. 예쁘게 필기하면 당연히 좋겠죠. 하지만 예쁘게 필기하기 위해 시간을 들이는 건 낭비입니다. 자신에게 맞는 필기 방법을 찾는 것이 제일 중요합니다.

　결론적으로 말하면 노트를 저만의 자습서, 개념서로 만들 수 있도록 많이 노력하는 편입니다. 단권화를 좋아해서 교과서 내용, 선생님께서 수업 시간에 필기해 주신 내용, 문제집에 있는 내용 모두 함께 모아서 필기합니다. 물론 시간이 걸리지만 시간을 투자해서 정리하고 나면 외울 때 훨씬 효율적입니다.

여러분들께 '이렇게 노트필기 하세요'라고 하는 것이 아니라, '저는 이렇게 했어요'라고 말하는 이유는 여러분들이 자신만의 필기 방법을 찾기를 바라고, 그 과정에서 저의 경험이 작은 도움이 되었으면 합니다. 실제로 블로그를 운영하다가 어떤 이웃분께서 제 필기 방법을 따라하다 시간이 너무 오래 걸렸다는 말을 한 적이 있어요. 자신에게 맞는 필기 방법을 찾아가는 것이 무척 중요합니다. 물론 여러 가지 필기 방법을 따라하다가 자신만의 필기 방법을 찾을 수도 있습니다. 중학교 1학년이나 2학년 정도라면 가능하겠지만 3학년이거나 고등학생이라면 자신만의 필기 방법을 빨리 찾는 것이 중요하다고 생각합니다.

학다오가 말하는 나만의 암기 방법

저는 교과서 내용을 외울 때 중요한 단어를 지워버립니다. 교과서를 통째로 외우기 위함이지요. 특히 기술·가정, 도덕 등의 암기 과목은 특별히 풀 문제집이 없기 때문에 자신이 얼마만큼 외웠는지 확인할 방법이 없습니다. 이렇게 단어를 지워 놓고 교과서를 읽으면 자신이 그 내용을 아는지 모르는지 알 수 있게 됩니다.

핵심 단어를 매직이나 컴퓨터용 사인펜을 이용해서 지웁니다. 물론 지울 때에는 내가 이 내용을 분명히 안다는 확신이 있어야 해요. 충분히 교과서를 많이 읽고 난 후에 중요 단어를 지운 다음 교과서를 읽기 시작합니다. 지워진 단어를 보고도 외운 내용을 생각하며 술술 읽혀야 합니다. 이렇게 하면 짧은 시간 동안 확실하게 외울 수 있답니다.

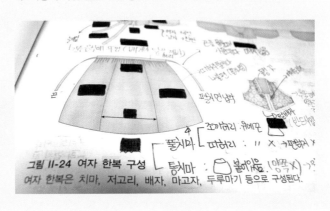

그림 II-24 여자 한복 구성
여자 한복은 치마, 저고리, 배자, 마고자, 두루마기 등으로 구성된다.

과학 필기, 그림과 사진 120% 활용

★ 장혜영 ★

　과학에는 특히 그림을 그려야 되는 경우가 많습니다. 거울과 렌즈, 심지어 별자리까지 그림을 알아두어야 문제를 풀 수 있는 경우가 많습니다. 이런 그림까지도 노트필기에 포함하려고 노력했습니다. 이제부터 그 방법을 소개하겠습니다.

직접 그림을 그려라

　중학교 2학년 때 '빛과 굴절'이라는 단원에서 거울과 렌즈에 대해 배우게 되었어요. 이 단원에서는 거울과 렌즈에 의해 어떻게 상이 생기는지 아는 것이 핵심이었기 때문에 그림을 잘 알아두어야 했답니다. 이럴 때 교과서에 나온 그림, 문제집에 나온 그림을 눈으로 보는 것보다 직접 그려 보면 머릿속에 더 잘 들어옵니다. 노트필기를 하면서 직접 그릴 수 있는 내용은 그려 보는 것이 좋습니다. 눈으로 볼 때와 손으로 직접 써 볼 때 그

차이는 정말 큽니다. 직접 손으로 그려 봐야 시험 볼 때 그림이 바로 머리에 떠오르게 됩니다.

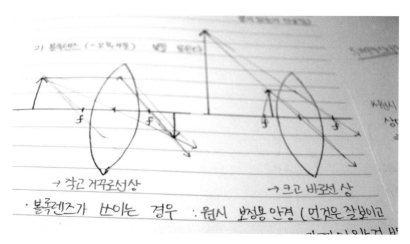

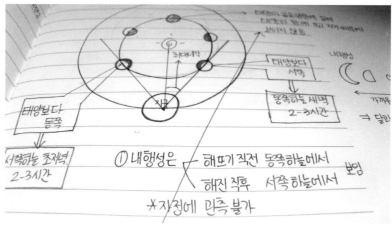

못 그리면 붙여라

과학 교과서에 있는 내용 중에 그림으로 표현되어 있는데 그릴 수 없는 경우가 있습니다. 예를 들어 별자리의 경우 별자리 그림을 알아야 풀 수 있는 문제가 문제집에 종종 나와서 계절별로 밤하늘의 모습을 노트에 붙여 놓았습니다. 태양의 대기에서 나타나는 현상의 경우도 문제에 그림으로 제시되는 경우가 많아서 그림을 보고 그게 어떤 현상인지 파악해야 합니다. 그래서 이 부분 역시 문제집에서 잘라서 붙여 놓았습니다.

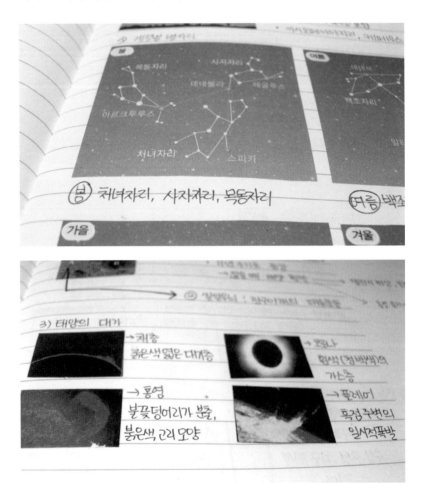

문제 풀이는 끝이 아니라 시작

중학교 1학년 때 인터넷 강의를 들으면서 사회·역사, 과학 등의 과목을 공부했습니다. 2학년이 되면서 혼자 공부해 보겠다는 마음에 무턱대고 문제집을 펼쳤는데 푸는 문제마다 족족 틀렸어요. '어떻게 공부를 해야 하나?'라는 고민을 하고 있던 도중 과학 선생님이신 엄마의 조언을 얻어 문제를 푸는 데 약간의 시간이 걸리긴 하지만 내용 이해 및 개념 이해에 좋은 방법을 알게 되었답니다. 그 방법을 알려드리겠습니다.

시험이 다가올 때 이 과목 저 과목 계획을 세우고 본격적으로 시험 공부를 시작합니다. 노트필기를 해 두었거나 교과서를 여러 번 읽어두었으니 문제 풀기가 한층 더 수월할 것이라는 마음을 갖고 문제를 푼 뒤 채점을 합니다. 과연 지난 번에 공부했던 내용을 얼마나 기억하고 있을까요?

시험의 관건은 '그동안 공부한 내용을 얼마나 알고, 여러 가지 개념을 어떻게 접목시켜 문제를 풀어야 하나'입니다. 그렇다면 시험 공부의 시작은 배웠던 개념을 다시 한번 점검해 보는 것으로 시작합니다.

개념을 점검하기 위해 단순히 노트필기 내용을 읽어 보는 것보다 손으로 쓰고 머리로 생각하며 문제를 풀어보는 것이 희미한 기억을 다시 되살리는 데 훨씬 효과적입니다.

문제 풀면서 개념까지 정리하자

대부분의 객관식 문제는 '옳은 것을 고르시오', 또는 '옳지 않은 것을 고르시오' 등으로 나뉘어집니다. 이런 문제를 풀 때 단순히 답만 적고 끝나는 것이 아니라, 옳지 않은 것들을 옳은 것으로 고치고 문제와 관련된 개념을 하단의 빈 여백에 적으면서 문제를 풀어 보면 희미한 개념도 다시 머릿속에 새겨질 뿐만 아니라 '이 단원에서는 이런 유형의 문제가 주로 나오는구나'라는 것도 알게 됩니다. 유형을 파악하면서 어떤 내용이 중요한지도 파악할 수 있습니다.

문제 풀면서 관련된 개념을 적어둘 때 헷갈리는 개념이나 정확히 생각나지 않는 개념까지 표시해 둡니다. 채점하고 나서 틀린 문제를 다시 풀어보기 전에 문제를 풀면서 표시해 둔 내용은 노트나 참고서를 참고하며 부가적으로 보충하고, 잘못 쓴 내용을 수정하면서 개념을 바로 잡은 다음 틀린 문제를 다시 풀어야 합니다. 혹시 자신이 개념을 잘못 알고 있다면 시험 볼 때 낭패니까요.

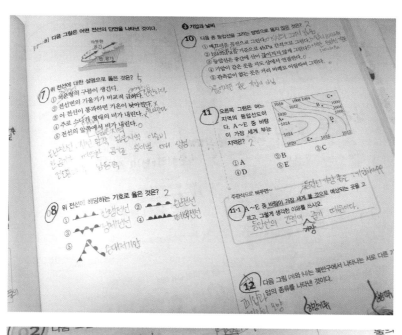

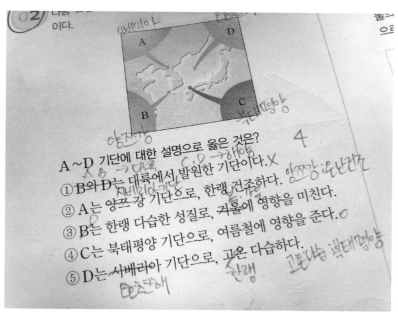

A~D 기단에 대한 설명으로 옳은 것은?

① B와 D는 대륙에서 발원한 기단이다. ✗

② A는 양쯔 강 기단으로, 한랭 건조하다.

③ B는 한랭 다습한 성질로, 겨울철에 영향을 준다. ○

④ C는 북태평양 기단으로, 고온 다습하다.

⑤ D는 시베리아 기단으로, 한랭

오래 걸리더라도 참고서 하나를 꼼꼼히 풀자

나중에 자신이 부족한 부분을 하나하나 채워나가더라도 우선 참고서 하나를 꼼꼼히 풀어보는 것이 중요합니다. 문제를 풀 때마다 옳지 않은 것을 고치고 관련 개념을 알아가며 풀어나가다 보면 바로바로 답이 나오는 경우가 많아질 겁니다. 시험이 다가올 때는 시간을 단축시키면서 풀어봐야 한다는 것도 참고하세요.

'아직 여기까지밖에 공부하지 못했어.'라는 조급한 마음은 버리고 계획한 양을 매일매일 꾸준히 실천해 나가야 합니다. 매일매일 꾸준히 공부하다 보면 분명히 좋은 결과가 있습니다. 성적은 투자한 시간에 비례한다는 말도 있는 만큼 현재 자신을 믿고 꾸준히 실천하는 것이 가장 중요합니다.

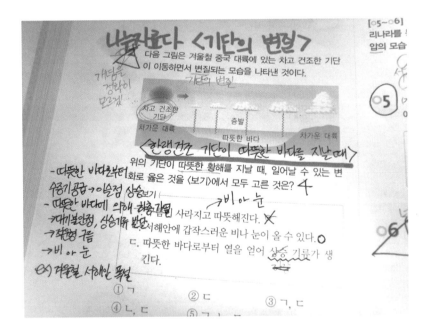

요약으로 정복한다,
탐구 과목 요약 필기

★ 신윤정 ★

시험 기간에 '요약 필기'라고 하면 단연 탐구 과목을 빼 놓을 수 없습니다. 탐구 과목이란 사회, 과학을 통칭해서 일컫는 말입니다. 외워야 할 내용도, 이해해야 할 내용도 많고 대부분 몰랐던 내용들을 배우는 과목들이기 때문에 노트필기가 꼭 필요한 과목입니다. 하지만 많은 내용들을 필기해야 하기 때문에 반드시 '요약'이 필요하겠죠?

주제 정하기

요약 필기를 잘 하려면 큰 틀을 잘 잡아야 합니다. 그중 가장 첫 번째 단계는 바로 '주제 정하기'입니다. 모든 내용을 요약 정리하는 것은 정말 시간을 낭비하는 행동일 수 있으므로 요약할 주제부터 잘 정해야 합니다. 모든 단권화, 요약 정리, 그리고 기타 오답노트까지 정리의 기본은 '모르는 내용을 알기 위해서'입니다. 즉, 뻔히 알고 있는 내용을 군이 정리할 필요가 없다는 이야기죠.

교과서로 공부하거나 복습을 할 때 이해가 잘 안 되고 암기가 잘 안 되는 주제를 정해서 요약 필기를 합니다. 주로 교과서보다는 노트에 많이 하는 편이고, 주제는 소단원 하나 정도로 정하면 좋겠습니다. 물론 부분적으로 어려운 내용이나 암기할 것들이 많은 내용들은 범위를 더 줄여도 좋습니다.

글은 최대한 짧게, 나만의 기호 사용하기

요약 필기를 하다 보면 교과서나 문제집을 그대로 베끼는 경우가 많습니다. 베끼지 말라는 이야기가 아닙니다. 개념이나 흐름 등은 베끼되 모든 문장을 그대로 옮길 필요는 없습니다.

노트필기 초보들이 가장 많이 하는 실수 중 하나가 바로 문장을 길게 쓰는 것입니다. 처음 노트필기를 하려고 마음 먹은 당신이라면 어떤 문장의 형식을 사용하겠습니까? 아마 '~이다'처럼 '다'로 끝나는 문장을 많이 사용할 거라고 생각해요. 하지만 노트필기, 특히 요약 필기를 할 때는 '다'로 끝나는 문장을 사용하게 되면 쓸데없이 문장이 길어지고 옆으로 늘어지는 필기가 되어버립니다. 전체적으로 빽빽해서 좋아 보이나요? 글쎄요. 개인적으로 저는 빽빽한 필기보다는 짧은 문장으로 여분이 남도록 정리된 필기를 더 선호하는 편입니다. 빽빽하거나 글자 수가 많다고 절대 좋은 필기가 아니랍니다.

그래서 '~이다'와 같은 형식 대신에 '~함' 혹은 '~하기'처럼 명사형으로 끝나는 문장을 많이 사용합니다. 또 '~가', '~이'와 같은 기본적인 조사도 생략하는 경우가 많습니다. 또한 '~로부터 ~까지' 등과 같이 기호로 나타낼 수 있는 말들은 간단히 '→' 등으로 나타내어 긴 문장으로 된 내용을 알아보기 쉽고 짧게 만듭니다.

　예를 들어 '1910년부터 1945년까지 우리나라는 일본의 식민 지배를 받았다'라는 문장이 있다고 생각해 봅시다. 이러한 문장을 노트필기로 옮길 때는 '1910~45) 우리나라 ← 일본의 식민 지배'라는 간단한 문장으로 바꿔 쓸 수 있는 것이죠.

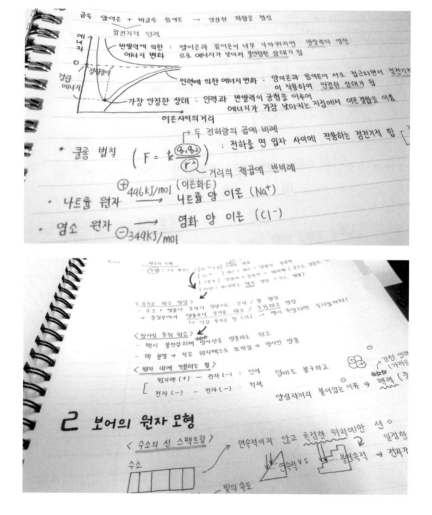

관련된 하위 개념은 번호로 표시

탐구 과목을 요약 필기 하다 보면 한 주제 아래 하위 개념들이 나오는 경우가 많습니다. 특히 3~5가지의 하위 개념이 있는 경우는 더더욱 신경을 써야 합니다. 그 이유는 선생님들께서 오지선다형 문제 혹은 서술형 문제로 눈여겨보는 경우가 많기 때문입니다. 그래서 더 알아보기 쉽게 정리해야 합니다.

먼저 가장 상단에 그 하위 개념들을 모두 묶을 수 있는 주제를 적어 주어야 합니다. 앞에 '#'이나 '*'처럼 주제라는 것을 알아보기 쉽게 표시해 주는 것도 하나의 방법입니다. 그 아래에 1), 2), 3) 등의 번호를 각자의 방법으로 달아 앞에서 말한 것처럼 간략하게 적어줍니다. 짧을수록 서술형 볼 때 더 잘 기억납니다. 시험 기간에는 하위 개념들을 손으로 가리고 주제만 보고 간단하게 암기하는 연습을 해 둔다면 더욱 완벽하게 시험을 대비할 수 있습니다.

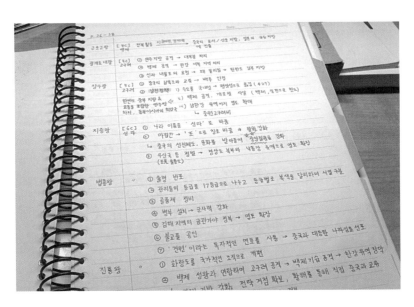

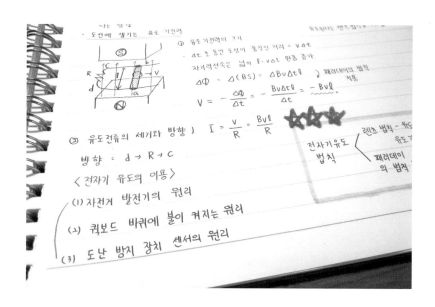

꼭 필요한 그림은 직접 그려두자

요약 필기를 하면서 간단하게 필기하고, 또 작은 공간을 차지해야 한다는 의무감 때문에 그림은 아예 그리지 않는 경우가 많습니다. 반대로 멋지고 꽉 차 보이는 필기를 위해 필요 없는 그림들까지 모조리 그려 넣는 경우도 있지요. 하지만 요약 필기에는 '적당한' 그림이 필요합니다.

그림은 여러모로 많은 역할을 합니다. 개념을 시각화해서 보여 주는 만큼 기억에 더 잘 남기도 하고, 한 그림 안에 여러 개념을 한 번에 나타낼 수도 있습니다. 그만큼 요약 정리를 하는 데에 그림이 꼭 필요한 경우들이 많이 발생하죠. 하지만 그림을 그릴 때는 교과서나 문제집처럼 자세하게 모든 색을 사용해 가면서 그릴 필요는 없습니다. 특히 사회나 과학의 경우 지도나 신체 구조 등 복잡한 그림들이 많이 나오는 편입니다. 똑같이 그리는 것보다는 다른 그림과 구분할 수 있는 특징을 찾아서 그린다거나, 윤곽

선만 대충 그려서 무슨 그림인지 알아볼 수 있게 그려 주면 됩니다.

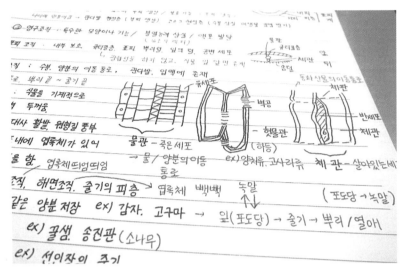

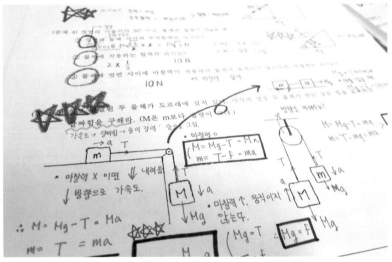

그리고 지도처럼 한 그림 안에 많은 개념들을 포함시킬 경우에는 그림
을 크게 그리고 화살표 등을 바깥쪽으로 빼어 세부 사항을 적어 주는 방법

을 사용하면 좋습니다. 예를 들어, 한국사(중학교에서는 역사)를 배울 때 삼국 시대의 유물, 수도의 이동, 전쟁 상황 등은 한반도를 대충 그리고 각 나라의 경계선 정도만 표시해 준다면 그 위에 충분히 요약 정리해 낼 수 있는 개념들입니다.

내신 대비,
국어 요약 노트

★ 신윤정 ★

내신 국어의 특징이라면 영어와 마찬가지로 지문이 정해져 있다는 점입니다. 중학생은 많아도 10개 내외, 고등학생은 15개 내외의 지문 정도가 시험 범위가 되는 편입니다. 굳이 자습서를 구입하지 않아도 요점 정리로 나만의 자습서를 만든다면 자습서도 생기고 공부까지 겸할 수 있습니다.

문학 작품에 대한 정보는 꼭 알고 가자

가장 먼저 요약 정리해야 할 것은 지문에 대한 간략한 정보입니다. 대부분의 선생님들께서 각 문학 작품마다 갈래, 특징, 주제 등을 적어 주시는데, 우리는 한 번 읽어보거나 그냥 지나치는 경우가 많습니다. 하지만 서술형도 강해지고 학년이 올라갈수록 작품 그 자체에 대한 것을 묻는 문제가 많아지는 추세에 따라 우리도 그 작품을 더 자세히 알 필요가 있습니다.

그래서 작품을 요약 정리할 때는 가장 상단에 그 문학에 대한 정보를 적습니다. 학교 교과서에 필기할 때와 마찬가지로 그 작품이 어떤 소설인지, 혹은 어떤 수필이나 시인지, 어떤 특징을 가지고 있으며 제제와 주제는 무엇인지 정도는 기본적으로 파악하고 있어야 합니다. 사람으로 따지면 간략한 프로필 정도가 될 수 있으니 상단에 적어 주면 좋습니다.

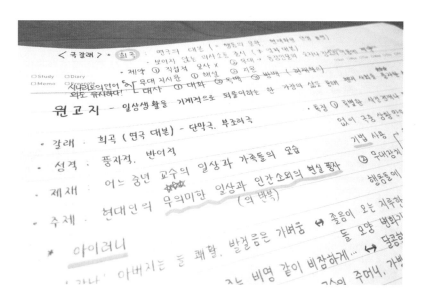

본문의 상세한 특징도 묶어서

요약 정리를 할 때 교과서의 모든 지문을 그대로 적을 수는 없습니다. 하지만 본문의 특징은 시험 문제 1순위를 차지하고 있을 만큼 중요합니다. 그렇다면 어떻게 해야 할까요? 저는 본문의 특징을 한 곳에 모아 정리해 둡니다. 하지만 이것은 교과서를 충분히 읽어보았고 알고 있다는 가정하에서입니다.

예를 들어 한 지문에 중요한 특징이 A, B, C, D, E가 있다고 가정해 봅시다. 평소 공부를 하지 않았을 때라면 특징 A에 해당하는 지문에 밑줄 을 긋고 그 아래에 '특징 A가 있다'라고 쓰겠죠? 하지만 그렇게 교과서 지 문만을 보면서 특징 A를 암기하다 보면 한 방향으로만 머리를 쓰게 되어 '특 징 B에 해당하는 지문은?'이라는 주관식 문제가 나왔을 때 당황할 수도 있 어요.

그래서 저는 지문의 특징을 모아서 그 특징만을 보고 관련된 지문을 연 상하려고 노력했어요. 그렇게 하다 보면 자연스럽게 지문의 특징도 익히 게 될 뿐 아니라 그 문학 작품의 흐름이 머릿속에 자연스럽게 연상될 수 있기 때문에 지문 전체를 이해하는 데에도 효과적이었습니다.

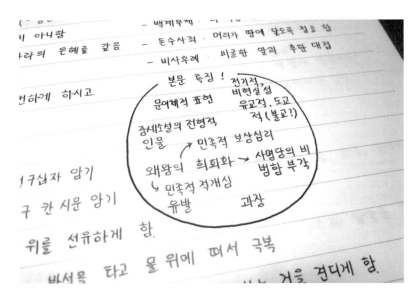

사자성어나 모르는 단어는 따로 정리

문학 작품을 배우다 보면 지문에 모르는 단어나 사자성어가 나옵니다. 특히 한자로 쓰여진 문학이거나 훈민정음으로 쓰여져 있는 경우, 또 한글이라도 쓰여진 지 오래된 문학의 경우 우리가 평소 사용하던 단어와 달라 암기해야 하는 경우가 종종 발생합니다. 그런 단어들 역시 요약 노트에 정리해 두면 좋습니다. 아는 단어들은 패스, 모르는 단어들이나 생소한 단어들만 정리해 주고 요약 필기와 함께 보면 금세 눈에 익으면서 외워집니다.

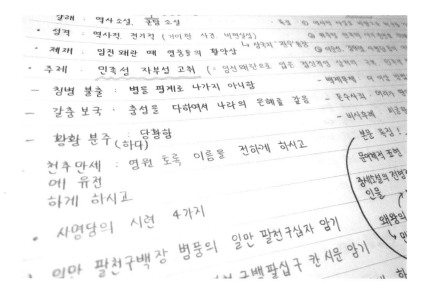

교과서 문제에 대한 정답은 모두 옮기자

국어 교과서에는 기본적으로 지문 다음에 그 지문에 관련된 문제가 많이 나옵니다. 이 문제들이 바로 시험 문제와 직결된다는 사실 아시나요? 외부 지문이 출제되지 않는 이상 이 지문들이 묻는 것들과 또 이 지문들이 가리키는 모든 것들은 머릿속에 꼭꼭 넣어둬야 합니다. 요약 필기를 할 때 가장 중심이 되는 것도 이런 문제들과 정답들입니다. 아마 가장 많은 부분을 차지하겠지만 그만큼 중요한 부분이기 때문에 한 문제도 빠짐없이 꼼꼼히 적어야 합니다.

또한 문제와 답은 다른 색 펜으로 적어 주어야 알아보기도 쉽고 암기하거나 가려야 할 때도 편리합니다. 답은 상대적으로 눈에 띄는 색으로 써 주는 것이 좋습니다. 이때 그 정답에서 토씨 하나도 틀리지 않고 베끼는 것보다는 요약 필기인 만큼 '이 정도로 쓰면 서술형에 나와도 맞을 거야'라고 생각되는 정도로만 써 주면 됩니다. 중요한 내용은 모두 들어가고 필요 없는 내용은 걸러 줍니다.

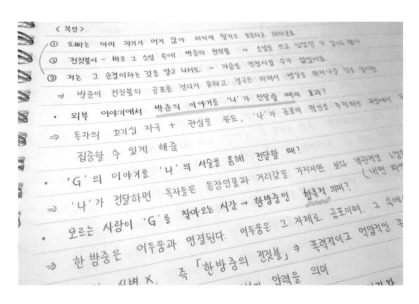

요약 필기로
중요한 개념의 맥을 짚어보자

★ 김정선 ★

국어는 작품 혹은 글의 줄거리와 흐름을 이해해야 하고, 수학은 간단한 개념은 물론 기본적인 유형까지 알아두어야 합니다. 사회나 과학의 경우는 내용을 이해 및 암기해야 하고 역사는 흐름을 잘 이해해야 합니다. 영어는 관련된 문법을 알아둬야 함은 물론 중요한 문장, 그 챕터에서 중요한 단어 및 구문은 필수적으로 암기해야 합니다. 이렇게 본격적으로 시험 공부를 시작할 때 각 과목을 어떻게 공부하는 것이 좋을지 파악해야 합니다.

어느 과목이나 개념은 정말 중요합니다. 개념을 모르면 시험 점수는 높을 수 없습니다. 시험 공부의 시작은 개념 정리를 제대로 하는 것이겠죠? 그렇다면 어떤 식으로 개념을 정리해야 할까요?

교과서 한 곳에 해당 내용 요약하기

앞에서 교과서에 필기하는 과목들에 대해 간략히 설명했습니다. 교과서에 밑줄을 긋고 내용 사이사이에 필기를 한 다음, 교과서 여백을 활용하면서 수업을 듣습니다.

저는 시험 기간이 되면 이러한 과목들은 교과서의 남은 공간을 활용해 또 다른 필기를 합니다. 시험 기간이 다가올 때 하는 것도 있지만, 어렵거나 헷갈리는 내용이라면 수업을 들은 그 주의 주말을 이용합니다. 교과서의 남은 공간에 관련된 내용과 더불어 선생님의 수업 필기를 요약해서 정리해 둔다면 나중에 핵심 내용을 찾아 읽을 때 많은 도움이 됩니다.

공간이 부족하다면 그 옆 페이지나 전 페이지를 활용해가며 필기합니다. 내용이 너무 많은 경우에는 중단원의 제목이 써진 부분에 한꺼번에 필기를 하는 것도 좋은 방법입니다.

이러한 필기를 할 때 반드시 지켜야할 내용이 한 가지 있어요. 수업 시간에 이용한 펜 색과 다른 색의 펜을 이용해야 합니다. 아무리 교과서 내용과 수업 필기를 종합해 정리한 것이라 해도 수업 시간의 필기와 자신이 개인적으로 시간을 내어 정리한 필기는 반드시 구별해 두어야 합니다. 너무 튀는 형광색으로 필기를 해두면 눈이 쉽게 피로해지므로 되도록 검정, 파랑, 빨강과는 비슷하되 멀리서 봐도 구별할 수 있는 색으로 필기하는 것이 좋습니다.

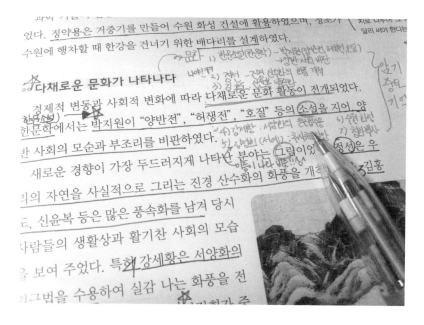

시험 공부를 본격적으로 시작할 때 모든 내용을 한 번씩 쭉 정리해 주면 훨씬 수월하게 문제를 풀 수 있습니다.

유도 과정을 직접 써 보자

수학은 공식이 많이 나오는 과목입니다. 수많은 문제를 풀면서 공식을 자연스럽게 머릿속에 넣을 수도 있지만 그 공식이 어떻게 만들어졌는지 알아보면서 머릿속에 넣는 것이 더 좋은 암기 방법입니다. 교과서 혹은 참고서에 있는 공식 유도 과정을 그대로 한 번 써 보면 어떤 식으로 가정을 하고 증명을 하며 어떠한 결론이 나오는지 이해함과 동시에 새롭게 배우는 공식까지 자연스럽게 습득할 수 있습니다.

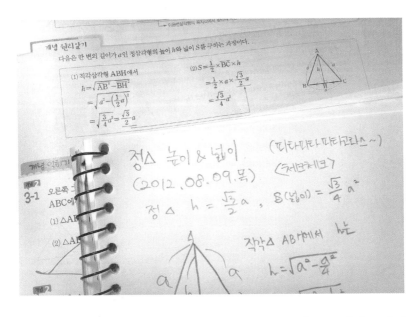

공식에 대한 암기 과정을 하나하나 익혀나가다 보면 추후 여러 문제에 접근하게 될 때 더 쉽게 이해되거나 응용할 수 있습니다. 그리고 가끔 서술형 문제로 공식 유도 방법을 그대로 작성하는 문제가 출제되기도 하므로 미리 연습해 두면 많은 도움이 됩니다. 특히 3학년 1학기 과정에 나오는 근의 공식은 유도 과정을 여러 번 써 보고 익히는 것이 좋습니다.

참고서의 단원 요약 확장하기

참고서를 살펴보면 단원 마무리 부분에 마인드맵 혹은 표를 활용해 대

단원 내용을 한 눈에 요약해 놓은 부분이 있습니다. 그 부분을 살짝 읽고
넘어가도 좋지만 펜을 들고 여러 가지 내용을 추가해 보는 것은 어떨까요?

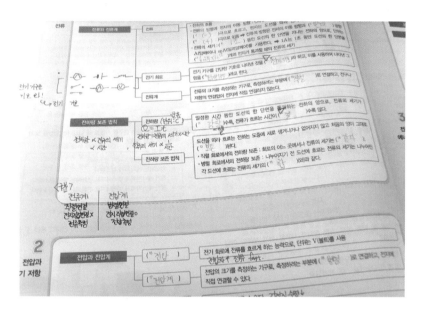

　　교과서 내용을 중심으로, 혹은 자신이 틀린 문제를 중심으로 요약 내용
에 부가적인 내용을 덧붙입니다. 간단하게 말하자면 뼈대에 살을 붙여가
는 과정입니다. 참고서 속 단원 요약 정리 부분이라는 뼈대에 자신이 알아
두어야 할 내용, 주의 깊게 봐야 할 내용이라는 살을 붙이는 거죠. 선생님
이 강조해 주신 내용부터 문제를 풀면서 새롭게 혹은 정확히 알게 된 개념들
을 부가적으로 작성하면 그 페이지는 자신의 시험 공부를 도와 주는 값진
자료가 됩니다.

　　만약에 이런 요약 정리 부분이 없다면 자신이 A4 용지나 노트 등을 활
용해 직접 만들어 보는 것도 큰 도움이 됩니다.

Part 4.

학교 시험 완벽 대비

오답노트

Smile

누구나 아는
오답노트는 어떤 것?

★ 신윤정 ★

오답노트. 여기저기서 공부 방법 1순위로 꼽힐 만큼 많이 들어본 필기의 종류입니다. 말 그대로 오답, 즉 틀린 문제를 따로 정리하는 필기를 말하는데, 소문만 듣고 시도해 보지만 효과를 느끼기 전에 포기하는 경우가 많습니다. 그 이유는 누구나 다 아는 바로 그것, '귀찮으니까'입니다.

오답노트의 효과 느껴보기

오답노트는 괜히 유명한 것이 아니고, 괜히 많은 학생들이 이용하고 있는 것이 아닙니다. 이름값을 톡톡히 하는 고마운 존재입니다. 하지만 오답노트를 작성하기 전에 꼭 지켜야 할 원칙이 있다면 그것은 '간단하게'입니다. 노트필기를 화려하게 하지 말라고 했지만 오답노트는 더욱 더 화려함이 필요 없는 필기입니다.

틀린 문제를 받아 적고 풀이 과정을 적는 것만 해도 분량이 장난이 아닌데, 여기에 여러 가지 색을 바꿔가며 꾸미다가는 오답노트의 효과를 느끼기 전에 시험이 다가오고 말겁니다. 오답노트에 사용하는 펜의 색은 최대한 2~3개면 충분합니다.

'간단히'에 펜의 색만 해당하는 것은 아닙니다. 내용면에서도 마찬가지입니다. 쓸데없는 내용이 많이 들어간 오답노트는 읽을 때 불편할 뿐만 아니라 아무런 도움을 주지 못합니다. 오답노트를 작성하는 이유는 모든 문제집을 전부 돌아볼 시간적 여유가 부족하기 때문인데, 역시 필요 없는 내용만 가득하다면 오답노트를 굳이 만들 필요가 없습니다.

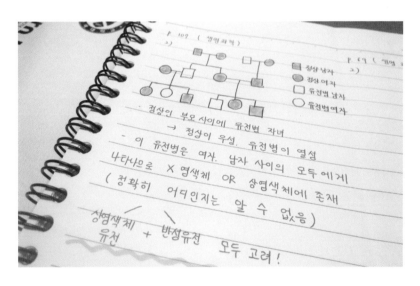

오답노트의 기본은 끈기

오답노트를 작성하기로 마음먹었다면 최소한 한 과목, 하나의 시험 범위는 끝내겠다는 불굴의 의지와 끈기가 필요합니다. 꽤 시간이 많이 투자되는 편이고, 평소 복습을 하지 않았던 학생들에게는 단순한 시간 낭비로

느껴질 수도 있고, 효과도 바로 나타나지 않아 중간에 포기하는 경우가 많기 때문입니다.

하지만 그렇게 중간에 포기하는 것이야말로 아까운 시간들을 통째로 날려버리는 꼴이 됩니다. 이도 저도 안 되는 막막한 상황에서 '남들이 좋다는데 나도 한 번 해 볼까?' 정도의 의지와 끈기로는 오답노트를 작성하지 않는 편이 낫다는 것, 꼭 알아두세요.

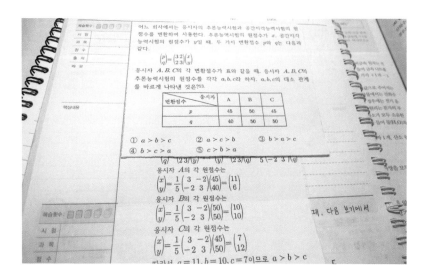

실수한 문제는 적지 않는다

'오답노트=틀린 것을 모두 적는 노트'라고 생각하나요? 아닙니다. 오답노트는 여러 번 봐야 이해하고 내 것으로 만들 수 있는 어려운 개념이나 유형을 정리하는 노트입니다. 실제로 우리가 문제를 풀다 보면 실수로 틀리는 문제들이 완전히 몰라서 틀리는 문제들보다 훨씬 많습니다. 실수로 틀리는 문제란 우리가 흔히 '아깝게 틀렸다'고 생각되는 문제들이죠. 이러한 문제들까지 모두 오답노트에 정리하는 것은 정말 힘듭니다. 그래서 실수로 틀린 문제들은 실수 유형을 머릿속에 담아두고 자신만의 표시를 해 둔 후 나중에 시험을 보기 전이나 복습할 때 체크해 놓은 부분들을 한 번씩 훑어보는 걸로 끝내야 합니다.

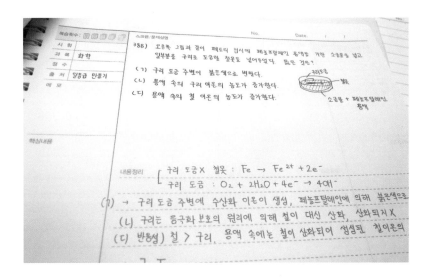

오답노트에도 여러 종류가 있다

가장 보편적인 오답노트는 틀린 문제를 그대로 옮겨 적은 후 풀이 과정을 적는 방식입니다. 하지만 이런 기본적인 방법 외에도 많은 종류의 오답노트가 있습니다.

모르는 문제를 스크랩해서 모아 놓은 '본문 스크랩형 오답노트', 또 제가 가장 많이 사용하는 것으로 모르는 내용들을 추려서 간단한 요점 정리 형식으로 정리해 놓는 '요약형 오답노트', 서술형 문제들만 모아 놓은 '서술형 오답노트' 등 학생들이 각자 정하는 만큼 오답노트의 종류도 늘어날 수 있습니다. 서로 다른 유형의 오답노트들에 대해서는 뒤에서 자세히 설명하도록 하겠습니다. 중요한 점은 한 가지의 종류만, 즉 다른 사람들이 사용하는 오답노트의 종류만 무조건 따라하지 말고 최대한 다양한 방법으로 시도해서 자신에게 맞는 오답노트를 선택하는 것이 현명합니다.

첫 번째 유형,
기본 오답노트

★ 신윤정 ★

앞에서 얘기했듯이 오답노트에는 여러 가지 종류가 있습니다. 그중 가장 많은 학생들이 사용하는 보편적인 오답노트는 어떤 걸까요?

기본 오답노트는 정해진 틀에서

오답노트를 작성하려면 우선 노트가 필요합니다. 어떤 노트가 오답노트 작성에 좋을까요? 지금까지 많은 학생들이 여러 가지 방법으로 작성한 오답노트를 보았을 겁니다. 크게 보면 시중에서 파는 오답노트에 작성하는 경우와 직접 줄 노트나 스케치북 등을 준비해서 만들어 쓰는 경우로 나뉘어집니다.

과목에 따라 다르지만 중학생, 고등학생 이상이라면 시중에 나와 있는 노트의 사용을 추천합니다. 기본적으로 오답노트를 쓴다면 아무리 양이 적은 문제라도 문제가 있는 페이지, 문제 번호, 그리고 문제의 출처뿐 아니라 모든 문제에 대한 해설 및 풀이, 그리고 관련 개념까지 적어야 하기 때문에 직접 만들어 쓰는 공책의 경우 칸의 분배를 잘 못할 수도 있고, 무엇보다 많은 시간이 투자됩니다. 하지만 시중에 나와 있는 오답노트를 구입해서 사용할 경우 최소한 정해진 틀 안에서 작성하면 되는 편리함이 있습니다. 보통 한 페이지에 2문제씩 적을 수 있어 많은 공간을 활용할 수 있습니다.

틀린 문제는 반드시 다시 푼다

오답노트를 적을 때 가장 많이 하는 실수가 바로 틀린 문제를 표시해놓고 가장 먼저 답지를 펴는 행동입니다. 저도 처음 오답노트를 작성할 때는 답지에 의존하여 이해하고 바로 옮겨 적었는데, 이렇게 하면 그 문제를 푼 건 자기 자신이 아닙니다.

가장 먼저 틀린 문제를 확인하고 왜 틀렸는지 잘 생각해 보는 것이 중요합니다. 오답노트를 쓰는 문제는 앞에서 설명했듯이 실수로 틀린 문제가 아닌 내가 몰라서 풀지 못한 문제여야 하므로 수학일 경우 관련 개념을 찾거나 연관성 있는 문제를 찾아 풀이 방법을 고민해 보는 것이 좋습니다. 사회나 과학 등 탐구 과목일 경우 역시 교과서나 참고서에 나와 있는 개념을 참고하여 문제를 풀고, 틀린 이유를 생각해 봐야 합니다.

그 다음에 답지를 펴야 합니다. 자신이 생각했던 답이나 풀이가 맞는지 확인하는 과정을 꼭 거쳐야 합니다. 특히 수학에서 가끔 문제를 풀 때 답은 맞았는데 풀이 과정은 엉망진창인 경우가 있죠. 이러한 경우 서술형이 중심이 되어가는 우리 시험에서 자신의 풀이가 맞았다는 말도 안 되는 자신감을 가질 수도 있기 때문에 꼼꼼하게 살펴봐야 합니다. 물론 여러 가지 풀이가 있을 수 있기 때문에 혹시 자신의 풀이와 답지 모두 정확한 풀이인지 확신이 잘 서지 않을 때는 주위의 선생님이나 친구들에게 도움을 청하는 것이 좋겠습니다.

풀이 과정 베끼는 것은 절대 금물

오답노트를 쓸 때 항상 주의해야 하는 것이 있습니다. 바로 풀이 과정입니다. 문제를 베끼는 것보다 훨씬 중요한 작업인 만큼 풀이 과정은 다음에 봐도 한 눈에 알아볼 수 있도록 정리해야 합니다. 그렇게 하려면 내가 이 문제에 대해 최소한 80%는 이해하고 있어야 합니다.

나만의 과정으로 정리하기 위해서는 역시 답지에 나와 있는 풀이를 그대로 베끼는 행동은 절대 도움이 되지 않아요. 그렇다고 답지의 해설 말고 다른 방법을 찾으라는 이야기는 아닙니다. 단지 표현을 내 방식으로 바꾸라는 거죠. 사람마다 글을 쓸 때도 자신만의 스타일이 있어서 타인이 써 준 글보다 자신이 직접 쓴 글이 훨씬 더 쉽고 빠르게 암기할 수 있습니다.

만약 답지의 풀이를 그대로 옮겨 놓으면 그 당시에는 이해할 수 있을지 몰라도 여러 문제가 합쳐진 오답노트를 반복해서 볼 때 자칫 무슨 소리인지 이해할 수 없는 경우가 발생합니다. 또한 자신의 방법으로 정리하면서 스스로가 그 문제를 정확히 이해했는지, 또는 이해하지 못했는지를 한 번 더 점검할 수 있는 기회가 될 수 있습니다.

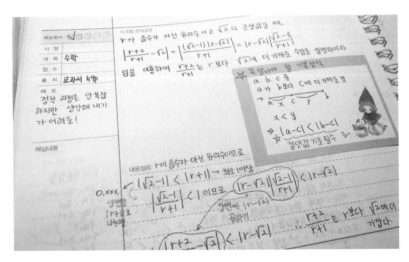

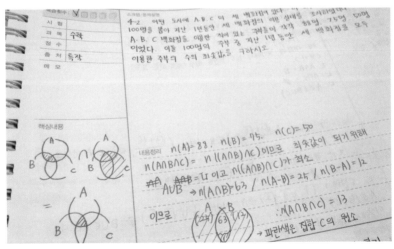

관련된 개념은 함께 정리해 두어야

오답노트를 쓰면서 몰랐던 개념들을 발견하는 경우가 참 많습니다. 물론 문제 해설에 어느 정도는 포함되어 있겠지만 연관된 개념들 전부가 설명되어 있지는 않습니다. 하지만 시험에 틀린 문제와 관련된 개념만 나오라는 법 있나요? 항상 이렇게 그냥 지나치는 경우 그 옆에 같이 있는 개념들도 외워둘 걸 하는 후회를 불러일으킵니다.

예를 들어 sin 함수의 특징에 대해 알지 못해 문제를 틀렸다고 가정해 봅시다. 그럼 오답노트 풀이에는 당연히 sin 함수의 특징에 대해 적어 놓겠지요? 하지만 시험에는 sin 함수만이 아닌 cos 함수나 tan 함수가 나올 수도 있습니다. 그래서 sin 함수를 포함한 세 가지의 함수 그래프를 오답노트의 여백에 적어두고 틈틈이 봐야 합니다.

수학의 경우 다시 풀어보는 복습도 필요하다

다른 과목의 오답노트들은 사실상 눈으로만 복습을 하는 편입니다. 답이 보일 경우에는 가리고 풀지만 수학의 경우에는 자연스럽게 눈으로 풀이를 읽어가며 복습을 하죠. 하지만 영어 단어를 외울 때도 언제나 눈으로 봤을 때는 알 것 같다가 정작 시험에 나오면 잊어버리는 상황이 발생하듯 우리 뇌가 어떤 풀이에 대해 자연스러워졌다고 믿으면 절대 안 됩니다.

수학은 오답노트를 쓰고 풀이 과정을 본 후 며칠 뒤에 볼 때는 풀이 과정을 아예 가리고 새로운 마음으로 문제를 풀어봐야 합니다. 물론 그 며칠 뒤에는 풀이를 한 번도 보지 않은 상태여야 하겠죠? 그렇게 해서 자신이 그 문제를 정확하게 내 것으로 만들었는지 냉철하게 판단해 봐야 할 필요가 있습니다.

두 번째 유형,
본문 스크랩형 오답노트

★ 신윤정 ★

국어 오답노트를 작성하려고 했는데 국어 지문이 너무 길면 어떻게 해야 할까요? 모두 그대로 옮겨 적어야 할까요? 아니면 국어는 오답노트를 포기해야 하는 걸까요? 문법이 아닌 이상 감당하기 힘든 지문을 가진 국어는 '본문 스크랩형 오답노트'를 작성해야 합니다.

내신 대비 〈 수능 대비

본문 스크랩형 오답노트는 국어와 영어와 같은 과목에 해당됩니다. 특히 학년이 올라갈수록 두 과목에 대한 지문이 길어지면서 감히 이 문제들로 오답노트를 쓸 엄두가 나지 않을 때가 있죠. 그럴 때는 두 가지 방법이 있는데, 하나는 문제집 지문과 문제 자체에 풀이를 작성하는 것이고 또 하나는 본문을 통째로 옮기는 방법입니다. 이 글은 오답노트에 관련된 글이므로 두 번째 방법을 중심으로 이야기할까 합니다.

본문 스크랩형 오답노트를 설명하기 전에 생각해 봐야 할 것은 오답노트를 작성하고 또 나중에 들여다 볼 때 꼭 본문 모두가 필요할까 하는 것입니다. 무슨 말일까요? 만약 학교 내신을 준비하려는 목적으로 오답노트를 쓰려면 이 방법은 추천하지 않는다는 뜻입니다.

본문 스크랩형 오답노트는 말 그대로 본문을 모두 옮기는 건데, 대체로 학교 내신 대비를 위한 본문들은 몇 개씩 정해져 있는 경우가 대다수이고 또 시험 공부를 하기 위해서는 그 본문의 내용 정도는 꼼꼼히 알고 있어야 하기 때문에 본문 전체를 군이 오답노트에 옮길 필요가 없다는 의미입니다. 한 마디로 본문 스크랩형 오답노트는 수능을 위한, 혹은 모의고사를 위한 오답노트로 사용하는 것이 훨씬 효율적이라 할 수 있습니다.

여러 문제집을 오랫동안 풀 때 사용하기

본문 스크랩형 오답노트는 또 크게 두 가지 방법으로 나뉩니다. 본문이 나온 문제집을 복사한 후 복사한 종이를 잘라서 오답노트를 만드는 경우와 문제집 자체를 잘라서 오답노트를 만드는 경우인데, 제가 스크랩형 오답노트를 사용할 때는 주로 문제집 자체를 잘라서 사용합니다.

문제집을 복사하여 오답노트를 만드는 경우도 많이 보았는데, 저와는 맞지 않는 유형인 것 같습니다. 이 방법은 정말 오답노트를 써야 하는데, 문제집을 여러 번 봐야 하거나 훼손시키고 싶지 않은 경우에 사용하면 됩니다.

하지만 시험 기간에는 추천하지 않아요. 꽤 번거로울 수 있거든요. 하지만 문제집 자체를 잘라서 사용하는 경우, 보통 문제집은 양면으로 이루어져 있어 한 번 훼손하면 다시 풀 수 없다는 단점이 있습니다. 또한 본인 수준보다 어려운 문제로 가득 찬 문제의 경우 정리해야 할 지문도 많을뿐

더러 양면 모두에 모르는 문제가 있다면 역시 난감해집니다.

그래서 이런 유형의 오답노트는 꾸준히 만들어서 오래 사용할 경우에 적합한 오답노트입니다. 영어도 유형별로, 국어도 작품별로, 혹은 고전, 현대문학과 비문학으로 나누어 천천히 모아 놓는다면 분명 좋은 오답노트가 될 테니까요. 즉, 한 문제집을 단기간에 여러 번 풀어볼 학생들은 그 문제집 자체에 풀이나 힌트를 적는 편이 더 편리하고 유용할 수 있습니다. 다시 한번 강조하지만 어떠한 상황에서든지 오답노트를 적는 것이 무조건 좋은 것은 아니랍니다.

스크랩은 어떻게?

본문 스크랩형은 문제집의 본문을 잘라서 붙여야 하므로 풀, 가위는 필수 준비물입니다. 또한 기본 오답노트와는 달리 공간의 활용도가 높은 줄 공책 혹은 무제 공책이 좋습니다.

먼저 본문을 오려줍니다. 본문 스크랩형 오답노트는 문제보다 본문이 더 중요하므로 짧은 편이라면 모든 본문을, 많이 길다면 최소한 줄거리를 파악할 수 있을 정도의 분량은 오려줘야 합니다. 보통은 공책보다 길기 때문에 공책에 맞게 접어 주는 것이 깔끔합니다.

그리고 분석하고 싶은 본문이거나 많이 중요해서 앞으로도 자주 볼 것 같은 본문은 분석을 해 줍니다. 답지를 보고, 혹은 본인이 생각한 것들을 꼼꼼하게 적어 주면 다음에 비슷한 유형의 본문을 봐도 전혀 당황하지 않을 수 있어요. 그 후에 문제를 적고 보기가 필요하다면 역시 간략하게 적어 준 다음 답의 근거를 표시하고 답을 적습니다. 이 경우 해설은 오려서 붙여도 좋습니다.

세 번째 유형,
요약형 만점 오답노트

★ 신윤정 ★

'요약형 오답노트'라는 말은 처음 들어보나요? 이 유형의 오답노트는 시험 기간에 주로 사용하는 저만의 오답노트입니다. 시간이 없을 때, 하지만 모르는 개념은 잡아두고 싶을 때 만들게 된 오답노트인데, 그만큼 시간이 촉박한 사람들에게 강력 추천합니다.

개념 정리형 오답노트

제가 소개할 요약형 오답노트는 일반적인 오답노트처럼 문제와 해설을 쓰는 것에 집중하지 않고 그와 관련된 개념을 정리하는 형식으로 작성하는 오답노트입니다. 즉, 언뜻 보면 개념 정리 노트와 비슷하게 보일 수 있지만 개념 정리 노트보다는 더 간단합니다. 또한 틀린 문제들 사이의 범위가 떨어져 있으면 자칫 오답노트를 볼 때 범위가 뒤죽박죽으로 보일 수도 있답니다.

특히 이 오답노트에서는 정답보다는 진실을 더 알고 싶어한다는 특징을 가지고 있습니다. 예를 들어 '보기 1, 2, 3, 4, 5번 중 ~가 아닌 것은?'이라는 문제가 나오고 정답이 4번이라고 가정해 봅시다. 그랬을 때 요약형 오답노트는 '1, 2, 3, 5번은 ~이다'의 형식으로 정리하고, 필요하면 '4번은 ~이다'까지 수정해서 정리해 주는 거죠.

문제는 간략하게 적는 편이 좋아요. 대부분 개념 정리의 주제를 문제에서 묻는 경우가 많으므로 적을 필요가 없는 경우가 더 많긴 합니다. 질문에서 아닌 것을 고르는 것인지, 맞는 것을 고르는 것인지, 몇 가지를 고르는 것인지는 중요하지 않으니까 그런 부분들은 다 제외해 줍니다.

이 오답노트의 단점이라면 다른 오답노트들의 경우 답을 가리고 다시 문제를 풀 수 있는 데 반해 이 오답노트는 자꾸 반복해서 읽어보는 것으로 복습을 해야 한다는 점입니다. 그도 그럴 것이 문제의 형식 자체를 적어 놓지 않았으니 답은 알 수가 없고, 또 문제에서 요구하는 것도 알 수 없기 때문입니다.

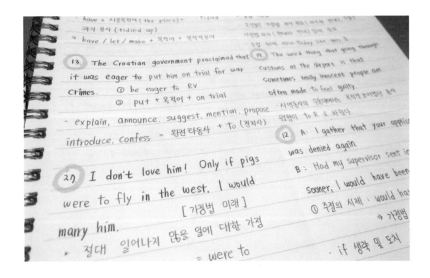

시험 임박해서 시간이 부족할 때 사용

시험 날짜가 조금씩 다가오고 복습을 위해 오답노트를 쓰려고 하는데, 막상 며칠 남지 않아 시간이 아깝거나 부족할 때는 이 요약형 오답노트를 사용하면 좋습니다. 물론 문제에 대한 접근을 답지의 형식으로 한다는 점에서 깊은 사고력은 요구하지 않아 혼자서 생각해 볼 것들이 많이 줄어들지만, 시험이 코앞인데 어차피 그냥 외우는 수밖에 없기 때문입니다.

보통은 일반 줄공책에 과목을 따지지 않고 적습니다. 어떤 페이지에는 과학, 어떤 페이지에는 사회를 반으로 접어서 사용하기도 합니다. 반으로 접었을 때는 한 문제당 3~5줄 정도, 그림이 들어간다면 조금 더 많이 차지합니다. 어차피 하루 동안 공부하고 오답노트를 쓸 내용은 많아 봐야 한 페이지에서 한 장도 되지 않습니다.

05 오답노트

120% 활용 가능한
오답노트 구성 방법

★ 성정은 ★

오답노트는 틀린 문제를 계속 반복적으로 기억하게 함으로써 잘 몰랐던 개념을 완전히 암기시켜 주고, 실수한 부분은 다시 실수하지 않도록 반복적으로 훈련시켜 주는 노트입니다. 그러므로 효율적인 작성 방법과 활용 방법을 아는 것이 중요합니다. 또한 문제집을 풀 때 틀린 문제를 그대로 방치해 두었다가는 그 문제가 시험에서의 틀린 문제가 될 수 있기 때문에 오답노트가 꼭 필요합니다. 지금부터 효율적인 오답노트 작성 방법을 소개합니다.

개념과 연결되어 있는 오답은 그대로 옮기기

틀린 문제 중 직접적으로 개념과 연결되어 있는 문제는 그대로 문제를 다시 한번 쓰고 답을 쓰는 것이 좋습니다. 이런 문제는 문제 자체가 개념을 물어보는 것을 뜻합니다. 개념을 물어보는 기본적인 문제를 틀렸다는 것은 그 개념에 대해 암기가 부족하다는 뜻이므로 문제의 답이자 헷갈린 개념을 그대로 오답노트에 옮겨 적습니다.

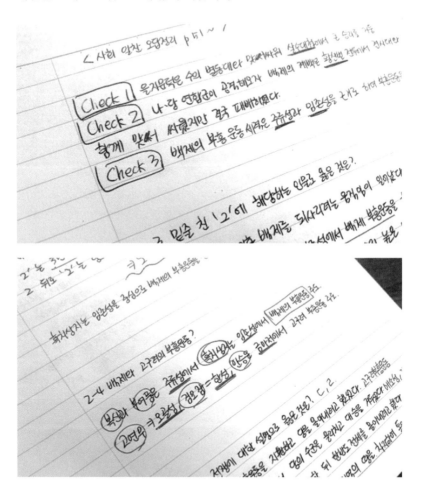

역사 오답은 관련 지도와 유물을 잘라서 붙이기

역사는 과목의 특징상 지도와 유물을 문제 속에 포함시키는 경우가 많기 때문에 오답노트에 문제를 적을 때 지도나 유물 등을 같이 넣어 주는 것이 좋습니다. 지도와 유물을 오답노트에 넣으면 오답노트 안에 있는 문제들을 복습할 때 계속 보게 되어 시험에서 생소한 사진을 보지 않게 해줍니다. 이런 지도나 유물들 사진은 직접 손으로 그리기 보다는 시간을 절약하기 위해 지도를 오려 붙이거나 아예 틀린 문제를 통째로 오려서 보관하는 것이 효율적입니다.

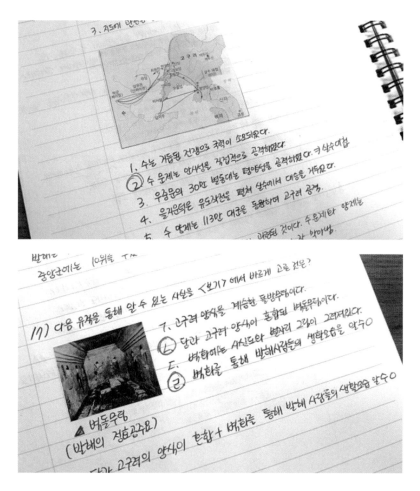

틀린 문제에 따라 작성 방법이 다르다

먼저 문제가 객관식일 경우 자신의 오답을 적지 않고 올바른 모범 답안을 적은 후 왜 이런 답이 나왔는지 파란색으로 해설을 간단하게 적어줍니다. 틀린 답이라면 왜 틀렸는지 생각해서 간단하게 문장을 고쳐 봅니다. 이때 내가 완벽하게 개념을 숙지하고 있나 확인해 볼 수 있는 기회가 되고 문제 안의 개념을 잘 이해했는지 다시 한번 꼼꼼히 체크할 수 있습니다.

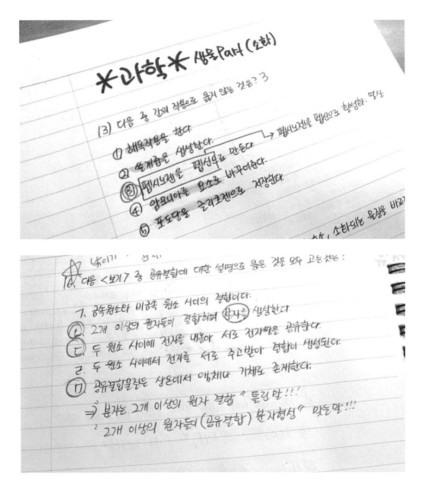

틀린 문제가 서술형일 때는 문제를 통째로 붙여준 뒤 자신이 적은 틀린 답 아래에 모범 답을 적어줍니다. 서술형은 답이 문장이므로 자신의 오답 과 모범 답을 비교해 가면서 서술형을 완벽하게 정복하는 것이 포인트입 니다.

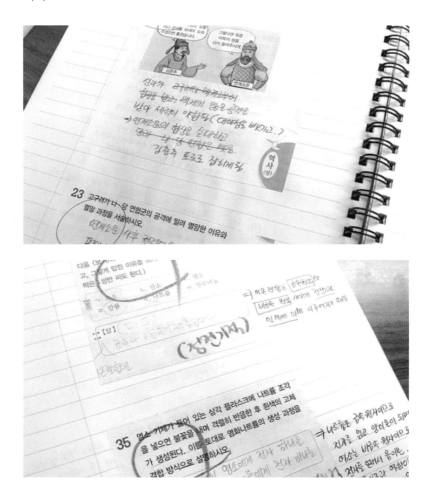

이렇게 오답노트를 작성하면 자신이 틀렸던 문제 속의 개념을 효율적으로 바로 잡을 수 있습니다. 그러나 오답노트로 공부하려는 학생에게 제일 중요한 것은 오답노트를 작성하는 것이 아니라 자주 반복해서 보는 것입니다. 오답노트는 아무리 효율적으로 작성한다 해도 다시 보지 않으면 애물단지가 된다는 점 명심하세요. 지금부터 오답노트를 통해 잘못 알고 있는 개념들을 완벽히 바로 잡아서 좋은 점수를 받길 바랍니다.

사회·과학 오답노트, 유형별로 묶어라

★ 장혜영 ★

저는 중학교 1학년 때부터 시험 기간에 항상 오답노트를 만들었습니다. 사회나 과학과 같은 탐구 과목들은 정말 반복 학습이 필요합니다. 문제를 풀고 끝나는 것이 아니고, 틀린 문제는 왜 틀렸는지 아는 것이 중요하죠. 또한 틀린 문제가 아니더라도 헷갈렸는데 맞은 문제, 시험에 꼭 나올만한 문제들을 모아 정리하면 자연스럽게 한 번 더 복습하는 효과가 있습니다. 이번에는 사회, 과학 과목에 대한 오답노트 만드는 방법에 대해 알아보겠습니다.

오답노트, 왜 언제 어떻게 만들어야 하나?

우선 오답노트를 만드는 이유는 당연히 틀린 문제를 다시 틀리지 않기 위해서입니다. 처음에는 오답노트를 따로 만들지 않고, 바로바로 문제집에서 고치곤 했습니다. 그랬더니 시험 전에 문제집마다 꺼내서 틀린 문제를 찾아 다시 보는 것이 시간이 더 걸리고, 유형별로 정리되어 있지 않아서 보기가 힘들었습니다. 오답노트를 만들면 자신이 어떤 문제를 잘 틀리는지, 어느 부분의 개념이 부족한지 알 수 있고, 내용을 한 번 더 정리할 수 있게 해줍니다. 무엇보다도 시험 전 날이나 시험 당일 날 마지막으로 보면서 정리할 때 가장 유용합니다.

저는 오답노트를 만드는 방법으로 문제를 자르고 노트에 붙이는 방법을 사용합니다. 그래서 문제집마다 오답할 문제들을 모두 잘라 소단원별로 나누고, 유형별로 나눠서 정리해 둔 다음, 노트의 반쪽에 문제를 붙이고 나머지 반쪽에 해설을 씁니다. 어떻게 만드는지 좀 더 자세히 알아볼까요?

오답노트는 보통 시험 1, 2주 전에 만듭니다. 보통 한 달을 시험 준비 기간으로 잡고 공부를 해 나가다가 2주쯤 지나면 사회, 과학에 대해 문제집을 2권 이상 모두 풀게 되는데, 이때 오답노트를 작성합니다. 모든 문제집을 오답노트로 정리하는 것보다 2권 정도는 오답노트에 정리하고, 나머지 1, 2권은 오답노트 작성 후 모두 맞는 것을 목표로 풀어 봅니다.

예를 들어, 사회는 완자와 한끝, 평가 문제집, 내공의 힘, 총정리 문제집 이렇게 5권 정도를 풀었습니다. 완자와 한끝, 내공의 힘을 먼저 모두 푼 다음 오답노트를 작성합니다. 그런 다음 평가 문제집과 총정리 문제집을 풀면서 같은 유형의 문제는 틀리지 않도록 노력합니다. 이 부분은 사람에 따라 다르기 때문에 저의 경우를 참고해서 자신에게 맞는 오답노트 작성 방법을 찾기 바랍니다.

틀린 문제만 오답?

그러면 오답노트는 단순히 틀린 문제만 정리하는 것일까요? 저의 대답은 '아니요'랍니다. 저는 오답노트를 작성하기 위해 문제집에서 문제를 자를 때 틀린 문제뿐만 아니라 풀면서 헷갈렸던 문제, 꼭 나올 것 같은 문제, 어떠한 내용에 대해 전체적으로 알아야 풀 수 있는 문제를 모두 잘라서 정리합니다. 예를 들어 객관식 문제 중 '틀린 것을 고르시오'나 '옳은 것을 고르시오'와 같은 문제는 어떤 보기는 왜 틀린 건지, 왜 맞는지를 확실히 알고 넘어가는 것이 중요합니다. 그래서 다시 봐야 하는 문제들은 모두 정리하는 편입니다.

만약에 문제가 한 장에 앞뒤로 겹쳐 있는데 둘 다 중요한 문제면 문제가 더 짧거나 자료가 없는 문제를 직접 오답노트에 적으면 됩니다.

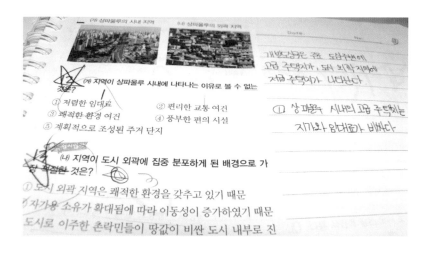

위 사진에서 보는 것처럼 맞았지만 풀면서 헷갈려서 별표를 친 문제들도 함께 오답노트에 작성합니다. 헷갈렸던 문제들까지 오답노트에 작성하기 위해서 문제를 풀 때 조금이라도 다른 보기들에 대해 확신이 안 간다면 별표를 쳐 놓는 것을 좋아합니다. 시험에서는 어떤 보기가 나올지 모르기 때문에 답이 아닌 것에 대해선 왜 답이 아닌지 확신이 있어야 합니다.

다시 한번 말하지만 '옳은 것을 고르시오'나 '옳지 않은 것을 고르시오'와 같은 문제들은 이 보기는 이래서 틀리고, 저 보기는 이래서 맞다는 확신이 있어야 합니다.

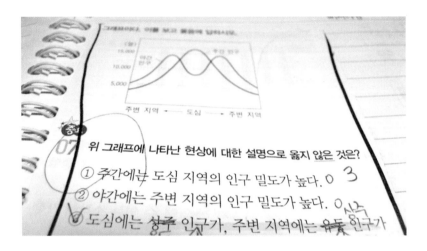

유형별로 묶어라

오답노트에 문제를 붙일 때 단순히 붙이기만 하면 효과가 없습니다. 우선 자른 문제들을 모두 소단원별로 나누고, 그 소단원 안에서도 같은 유형끼리 묶어서 붙여야 합니다. 그래야 오답노트를 만드는 과정에서, 혹은 나중에 다시 볼 때 효과가 있답니다.

예를 들어 다음 사진은 사회에서 도시화 곡선과 관련된 문제를 모아 둔 것입니다. 맞은 문제도 있고 틀린 문제도 있지만, 자주 나오는 유형이고 시험에서도 나올 것 같은 유형이어서 모든 문제집에서 관련된 문제를 잘라서 붙였답니다.

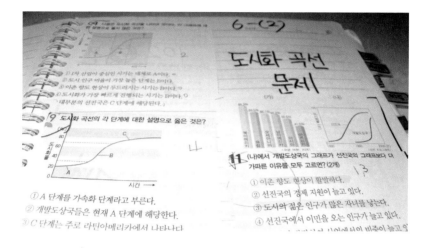

노트 맨 윗부분에는 단원명을 써 주는 것이 좋습니다. 그래야 지금 보는 문제가 어떤 단원인지 알 수 있고 다른 참고서를 참고해야 할 때도 쉽게 찾아서 공부할 수 있습니다. 노트 제일 위에 써 주거나 포스트잇을 이용해서 쉽게 펼쳐 볼 수 있도록 해 주는 방법도 좋습니다.

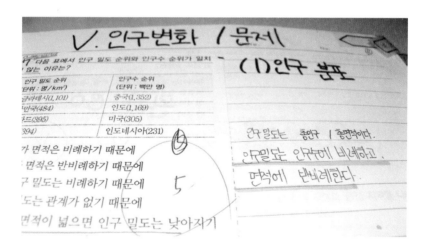

사회뿐만 아니라 과학 또한 유형별로 묶어서 오답노트를 작성합니다. 과학은 오투와 내공의 힘, 평가 문제집, 총정리 문제집을 풀었는데, 오투와 내공의 힘 문제들을 위주로 오답노트를 만들었습니다.

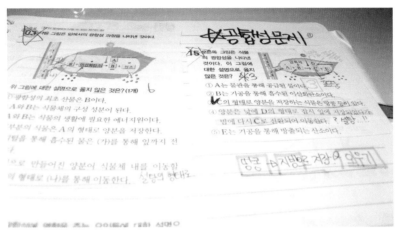

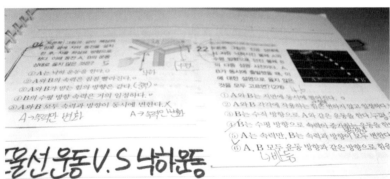

같은 유형끼리 문제를 모아둘 때 너무 똑같은 문제는 붙이지 않는 것이 좋습니다. 이렇게 같은 유형끼리 모아두는 이유는 하나의 내용에 대해 나

올 수 있는 문제들을 미리 익히고 접근 방법을 알아보기 위한 것입니다. 또한 오답노트를 만든 후 평가 문제집과 총정리 문제집을 풀 때 어떤 내용에 대해 헷갈린다면 오답노트를 펴서 그 유형의 문제들만 다시 보아도 충분히 공부가 되기 때문입니다.

간혹 오답노트 만드는 것은 시간 낭비라고 하는데, 물론 시간이 적게 투자되는 것은 아니지만 오답노트를 만드는 데 투자한 시간만큼 충분히 시험 공부에 도움이 된다는 것은 확신할 수 있습니다. 물론 오답노트를 만들면서 예쁘게 꾸미려고 한다면 시간이 더 오래 걸리겠지요. 남에게 보여주려고 하는 것이 아닌, 나 스스로에게 도움이 되려고 하는 것만 명심하면 됩니다. 오답노트를 만들면서 예쁘게 꾸미려고 한다면 그것이 바로 시간 낭비가 될 수 있습니다.

서술형 대비, 사회·과학 오답노트

★ 장혜영 ★

　갈수록 학교 시험에서 서술형 문제에 대한 배점이 높아지고, 서술형 문제로 인한 감점이 많아지고 있습니다. 저도 서술형에서 10점까지 감점당한 적이 있어서 그 뒤로 서술형 문제에 대한 대비를 꼼꼼히 하는 편입니다. 제가 1학년 때에는 20%였던 서술형 문제가 3학년이 되니 30%로 늘었습니다. 앞으로도 계속 늘어날 것 같은데, 이에 대비해서 서술형 문제는 어떻게 준비하는지 알아볼까요?

서술형 문제, 교과서를 샅샅이 읽어라

　서술형 문제의 답은 대부분 교과서에 모두 있습니다. 교과서에 없다면 선생님께서 따로 설명하신 내용에 답이 있는 경우가 많죠. 물론 과학과 같은 과목은 좀 예외일 수 있지만 교과서 내용에서 크게 벗어나는 내용은 잘 나오지 않습니다. 서술형 문제를 잘 풀 수 있는 방법 중 가장 중요한 것은 교과서를 정독하는 것입니다. 저의 경우 교과서를 읽을 때 소리 내서 읽는 편입니다. 눈으로 보고 입으로 말하면서 읽는 것이 그냥 눈으로만 읽는 것보다 기억에 오래 남는다고 해요. 암기 과목의 경우 시험 기간 동안 교과서를 소리 내어서 5번은 읽습니다. 5번 정도 읽으면 흐름을 잘 파악할 수 있고, 자연스레 교과서에 있는 내용이 머릿속으로 들어옵니다. 머릿속으로 들어온 내용들을 활용해서 서술형 답을 써 내려 가면 됩니다.

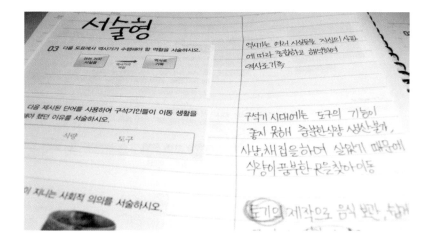

문제집에 있는 서술형 문제를 정복해라

이제 본격적으로 서술형 대비를 위한 오답노트를 만들어 봅시다. 우선 문제집을 풀다가 서술형 문제가 나오면 별도의 다른 종이에 답을 쓴 다음 채점을 하고 그 문제를 모두 오려냅니다. 문제를 모두 오린 후 문제가 어느 정도 모이면 소단원별로 구분한 후 같은 개념에 대한 문제끼리 모아서 노트의 한쪽에 붙입니다. 그리고 나머지 한 쪽에 교과서를 참고해서 답을 적습니다. 답을 적을 때는 답지에 있는 답을 그대로 옮기지 말고 학교 교과서와 선생님께서 수업하신 것을 같이 참고해서 적는 것이 좋습니다.

즉, 서술형 문제를 왼쪽에 붙이고 오른쪽에는 답을 적습니다. 그렇게 해두면 시험 전에도 서술형 문제를 몇 번이고 다시 풀어볼 수 있어요. 단지 문제만 붙이지 않고 답까지 적는 이유는 서술형 답을 적기 위해 문제집 해설과 교과서를 보면서 한 번 더 공부가 되기 때문입니다. 문제집에 있는 서술형 문제는 단답형도 많지만 어떤 내용에 대해 포괄적으로 물어보는 문제들도 있습니다. 그래서 이러한 문제들의 답을 적다 보면 자연스레 내용 정리가 한 번 더 되기 때문에 서술형 답을 적어보는 것이 좋습니다.

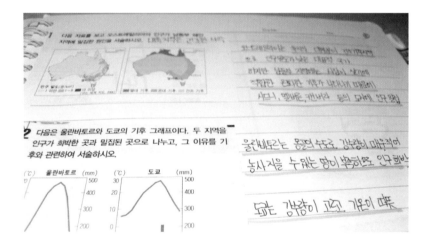

서술형 문제에 대한 오답노트를 한 번 만들면 시험 보기 전까지 적어도 2, 3번은 보게 됩니다. 시험 전 날 보기에도 가장 적당하답니다. 모든 개념들을 자습서나 노트를 보면서 정리하기에는 시간이 부족할 때 오답노트를 보는 것이 가장 적당하다고 생각합니다.

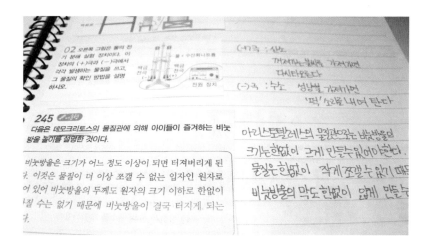

과학의 경우 물리 파트가 시험 범위일 때 계산하는 내용이 서술형으로 나올 수 있기 때문에 대표적인 계산 문제를 추려서 노트에 정리했습니다. 이때는 식과 함께 자주 실수하는 내용들을 다음 사진과 같이 빨간색 펜으로 적어두면 좋습니다.

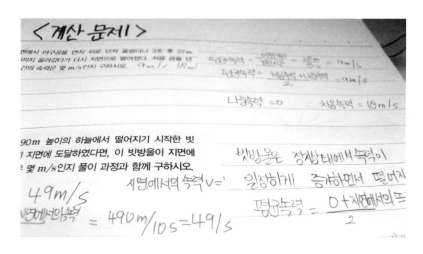

오답노트에 덧붙이자, 요점 정리&주의사항

★ 장혜영 ★

오답노트를 만들 때 주의사항이 몇 가지 있습니다. 블로그를 하다가 어떤 분이 제 오답노트 방법을 따라하다가 시간이 매우 많이 걸렸다고 하더라구요. 오답노트는 우선 자신에게 맞는 방법을 찾는 것이 제일 중요합니다. 제가 지금까지 오답노트를 만들면서 이런 부분은 더 추가하면 좋다고 생각한 것들이 있습니다. 지금부터 소개하겠습니다.

하고 싶은 말을 덧붙이자

오답노트를 만들 때 문제를 붙이고 그 옆에 해설을 쓰는 것 외에 함께 하면 좋은 것들이 있습니다. 바로 간단한 요점 정리와 함께 스스로에게 충고하는 말, 주의사항들을 함께 정리하는 것이죠.

오답노트이기 때문에 틀린 문제에 대한 해설과 함께 답을 기록하는 것은 당연합니다. 이와 함께 그 문제를 풀기 위해 필요한 개념을 간단히 정리해 둔다면 시험 전에 오답노트를 보면서 공부할 때 많은 도움이 됩니다.

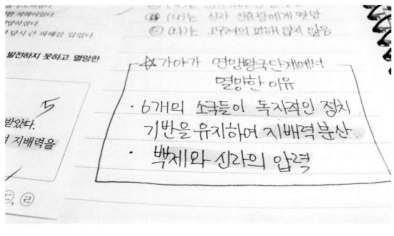

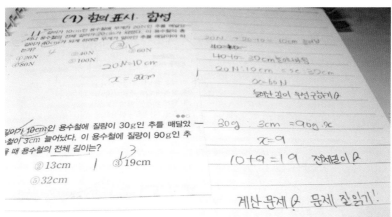

또한, 자신이 이 문제를 왜 틀렸는지에 대해 확실히 파악하고 있는 것이 중요해요. 저의 경우는 문제를 끝까지 읽지 않고 성급하게 풀다가 틀리는 경우가 많고, 문제를 잘못 읽어서 틀리는 경우도 종종 있어서 항상 '문제 잘 읽기'라는 말을 써 놓습니다.

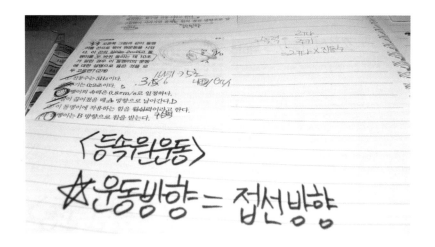

간단하지만 꼭 알아야 하는 개념들은 큼직큼직하게 적어 놓기도 합니다. 내가 공부하기 위해 만드는 것이기 때문에 내가 알아볼 수 있도록 하는 것이 중요합니다. 앞에서도 말했듯이 예쁘게 보이려고 꾸미는 것은 시간 낭비랍니다.

오답노트, 자신에게 딱 맞는 방법을 찾아내자

지금까지 오답노트를 만들지 않았던 사람이라면 다음 시험부터는 한 번 만들어 보는 게 어떨까요? 물론 처음에는 자신에게 맞는 오답노트 만드는 방법을 확실히 모르기 때문에 시간이 오래 걸릴 수도 있어요. 중학교 1, 2학년 학생들에게는 꼭 오답노트 만들기를 권합니다. 이때 확실히 자신에게 맞는 오답노트 방법을 찾아 놓는다면, 중학교 3학년, 또는 고등학교에 올라가서는 오답노트를 만들면서 성적을 올리는 것이 가능합니다.

참고로 저는 중학교 3학년 1학기 기말고사 때 고등학교 입시를 준비하느라 기말고사를 위해 공부한 기간이 1주일 정도밖에 되지 않았어요. 이

때는 노트에 오답노트를 만들 수 있는 시간이 없었기 때문에 그냥 문제에 해설을 달고, 그 문제들을 잘라서 스테이플러로 묶어서 봤답니다.

위의 사진처럼 그냥 틀린 문제들을 묶어 놓고 시험 전 날 마지막으로 정리하면서 다시 보았습니다. 이 방법은 이때 말고도 총정리 문제집과 평가 문제집에서 틀린 문제가 나왔을 때 사용하는 방법이기도 합니다.

앞에서 말했듯이 오답노트를 만든 다음 최종 확인 차원으로 평가 문제집과 총정리 문제집을 푸는데, 이때는 틀리는 문제가 있어도 거의 오답노트에 있는 유형들과 비슷하기 때문에 오답노트에 붙이진 않아요. 하지만 시험 전에 꼭 봐야할 문제다 싶은 경우에는 자르고 스테이플러로 묶어 둡니다. 오답노트를 만드는 것에 비해 비교적 시간도 적게 들고 가지고 다니기도 편합니다. 물론 많은 내용을 기록하지 못하는 단점이 있지만 오답노트를 만드는 것이 시간적으로 부담이 된다면 이 방법을 사용해 보는 것은 어떨까요?

덧붙이는 말,

이제 고등학교에 입학하시나요?

★신윤정★

중학교 3학년 때 선생님께서 앞으로 다닐 고등학교를 불러 주셨는데, 그때가 아직도 생생하게 기억납니다. 일반 인문계 고등학교를 지원하고 '1지망이 되지 않으면 어쩌나….'하고 전전긍긍했던 게 엊그제같은데 벌써 저는 고등학교 3학년을 향해 달려가고 있습니다.

많은 분들이 고등학교 생활에 대해 막연한 두려움을 갖고 있는 듯합니다. 그래서 중학교 생활과 많이 다르냐는 질문을 받을 때마다 저도 모르게 대답하기 망설여집니다. 네. 많이 다르기 때문입니다. 보통 중학교 생활보다 공부에 대한 책임감도, 부담감도 훨씬 커지고, 2학년이 되면 분위기도 많이 바뀌게 됩니다. 수험생 분위기라고 하죠? 중학생 때까지도 공부에 대해 별 관심이 없던 학생들까지 미래를 걱정하고 마음을 다잡는 시기이기 때문에 그만큼 경쟁력도 치열해지게 된답니다.

중학생 때는 쉬는 시간에 친구가 공부하고 있으면 시기, 질투 혹은 황당(?) 정도의 감정이 느껴진다면 고등학생 때는 너무나도 자연스러운 일이 된다는 거죠. 또한 오후 4시 정도면 마치는 중학교 수업과는 달리 고등학교는 야간 자율 학습을 하거나 사교육을 받으러 가느라 보통 10시 정도에 공부가 끝나게 됩니다. 물론 중학생 때 학원을 늦게까지 다니는 친구들도 있겠지만 말입니다.

고등학교에 올라가면 배우는 과목의 수가 늘어나진 않지만 내용이 중학생 때와는 큰 차이가 있죠. 본격적인 수능 준비를 위해 좀 더 심화된 내용을 배우는 시기이니까요. 이제 와서 생각해 보면 중학생 때까지 배웠던 내용은 고등학생 때, 그리고 앞으로 배울 내용들을 잘 이해할 수 있게 하기 위한 밑거름 같은 것이었어요.

그래서 제가 드리고 싶은 말씀은 '긴장 타라!'가 아닌 '힘내라'입니다. 분명 고등학교 3년은 힘든 기간이 되겠지만 벌써부터 두려움을 가지고 걱정할 필요는 없답니다. 모두가 겪어 나가는 과정이고 누구든 중학교 생활을 성실하게 했다면 자연스럽게 넘어가게 되는 과정이니까요.

하지만 자연스럽게 넘어간다고 흘러가는 시간을 그대로 두는 건 정말 어리석은 짓이랍니다. 중학교 생활을 되돌아보고 고등학생이 되면서 의지와 각오를 다지고 중장기적인 인생의 목표를 설정해 두지 않으면 마치 어부 없는 배처럼 바다 위를 둥둥 떠다니는 고등학교 생활을 보내게 될 수 있어요.

고등학생 때부터는 아무도 나를 챙겨 주지 않아요. 아니, 챙겨 준다 해도 그것만으로는 이겨 나갈 수 없는 것이 고등학교 생활입니다. 나 스스로 해야 해요. 배의 약한 부분을 점검해 보는 것도, 닻과 닻줄이 튼튼한지도, 배에 구멍이 나지 않았는지도, 그리고 목적지를 향해 끝까지 나아갈 수 있는 배인지도 스스로 생각할 수 있어야 성공적인 고등학교 생활을 마칠 수 있답니다.

고등학교 와서 생각해 본다고 하지 마세요. 고등학교 생활은 순식간에 지나가 버리고 말아요. 3년의 시간이 충분할 것 같지만 당장 2학년만 되어도 지원하는 대학교와 모의고사 성적표, 내신 성적표를 맞춰보며 진지한 진로 상담을 해야 하고, 1학년 때도 상황은 크게 다르지 않다는 점이 중요합니다. 항상 막연하게 위만 바라보며 왔던 학생들이 바로 이 시기가 되면 자신감도, 희망도 잃어버리는 경우가 많이 생기죠. 어쩔 수 없어요. 현실적으로 내다보면 항상 자기 자신이 초라해지는 법이거든요. 물론 고등학교 내용을 미리 예습하는 것도 좋지만 이렇게 자신의 미래에 대해, 진로에 대해 중학생 때부터 꾸준히 생각해 보고, 또 그 꿈을 키워보는 것, 저는 그것이 가장 중요하다고 생각합니다. 여러분, 이제 시작입니다.

Part 5.

시험 만점에 도전

노트필기
시험 공부법

Smile

공부 계획표!
어떻게 짜야 할까?

★ 장혜영 ★

중학교 때 성적이 잘 나온 가장 큰 이유를 말하라고 한다면 바로 '공부 계획표' 덕분이라고 말할 겁니다. 그만큼 공부 계획표를 짜는 것이 공부의 시작이고 끝이라고 할 수 있어요. 특히 시험 대비를 위해서는 계획표를 짜면서 큰 틀을 잡고 구체화시켜야 합니다. 저는 시험 공부 준비를 시작할 때 무조건 주말에 하루 날을 잡아 종일 계획표만 짜기도 했습니다.

처음 계획표를 세우려고 하면 정말 막막하죠. 어떤 식으로 적어야 할지, 얼마나 구체적으로 적어야 할지 모르는 것이 당연합니다. 저도 중학교 1학년 때 처음 계획표를 세울 때는 계획표 틀을 짜는 데에만 1시간 정도 걸렸던 것 같아요. 시간 낭비라고 생각될 수도 있지만, 중학교 1학년이기에 가능했고, 덕분에 지금은 계획표를 짜는 데 많은 시간이 걸리지 않으면서 저에게 딱 맞게 짤 수 있게 되었답니다.

Step1. 시험 범위를 파악해라

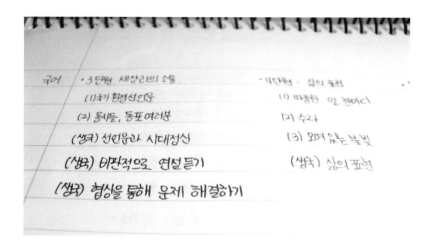

당연한 말입니다. 시험 범위를 알아야 계획표를 짤 수 있습니다. 시험 범위를 파악하라는 것은 단순히 학교에서 '몇 쪽부터 몇 쪽까지가 시험 범위다'라고 말해 준 걸 얘기하는 것이 아닙니다. 과목별로 어떤 단원이 시험 범위고 어떤 소단원이 들어가 있는지 파악하라는 것입니다. 이렇게 구체적으로 범위를 알아둬야 시험 계획을 세세히 짜야 할 때 수월해집니다.

또 지금 진도는 어디까지 나가 있고, 단원마다 언제까지 모든 진도가 나갈지 예상하는 것도 중요합니다. 수업 시간에 진도가 나가지 않은 것을 문제부터 풀 순 없으니까요. 또 저처럼 인터넷 강의를 이용해서 예습하는 경우 언제쯤 예습하는 것이 가장 효과적인지 알 수도 있습니다. 또 어떤 과목의 경우 시험 전 날까지 진도를 나가는 경우도 있어요. 그럴 경우 미리 공부해서 문제를 풀고, 수업 시간을 복습 시간처럼 보내는 것이 좋습니다. 그렇게 하려면 언제 어느 정도 진도가 나갈 것인지 파악할 수 있어야 합니다.

Step2. 각 과목의 문제집에서 시험 범위를 파악해라

저는 시험 공부 계획표를 짤 때 시험 3일 전 날까지만 계획에 넣었습니다. 시험 3일 전부터는 총정리를 하면서 오답노트를 다시 보고 교과서를 정리하는 시간으로 잡았기 때문입니다. 1, 2학년 때는 약 한 달 정도 중간, 기말고사를 준비했고, 3학년 때는 2~3주 정도 준비했습니다.

약 3주 정도의 계획을 하루에 다 짤 수 있는 이유는 바로 문제집 정리에 있습니다. 즉 시험 범위를 조사한 다음 과목별로 모든 문제집을 다 꺼냅니다. 그리고 그 문제집에서 목차를 보면서 어떤 소단원은 이 문제집의 몇 페이지부터 몇 페이지에 해당한다는 것을 모두 기록합니다. 큰 단원만 적어두면 자세하게 계획표를 짜는 게 불가능할 수 있어요. 구체적으로 소단원까지 나누어서 기록해 둡니다.

2학년 2학기 중간고사 풀 것들

과목	문제집	관련단원		페이지	날짜
국어	평가 문제집	1학기	5-1	173-182	9/15
			5-2	183-192	
			5-3	193-196	
			5단원 총	200-204	
			생활국어	227-204	
		2학기	1-1	5-8	9/16
			1-2	9-14	
			1-3	15-26	
			단원다지기	27-28	
			1단원 총	30-33	
			2-1	35-46	
			2-2	47-52	

			2-3	53-58	
			단원다지기	59-61	
			2단원 총	62-66	
			생활국어 1	192-196	
			생활국어 2	197-201	
	일품	1학기	5단원	72-86	9/17
			생활국어	100-102	
		2학기	1단원	6-19	
			2단원	20-33	
			생활국어 1	80-82	
			생활국어 2	83-85	
	셀파	2학기 1단원		68-77	9/16
과학	오투		5-1. 반사, 굴절	10-21	9/20
			5-2. 분산, 합성	22-31	
			5-3. 파동, 소리	32-42	
			5단원 총	43-49	
			6-1. 지구	50-59	9/19
			6-2. 달, 태양	60-71	
			6-3 태양계	72-82	

Step3. 월화수목금토일, '공부 가능 시간'을 파악해라

이 과정이 저는 제일 중요하다고 생각합니다. 이 단계에서 정확하게 '공부 가능 시간'을 자신이 알아야 하루의 공부 양을 정할 수 있고, 자신이 그날 공부한 것에 대해 평가할 수 있습니다. 매일매일 학교 수업 시간에 따라서도 다르고 학원이나 과외를 가는 것에 따라서 공부 가능 시간이 달리지기 때문에 각각의 요일마다 정확히 파악해 두는 것이 좋습니다.

'공부 가능 시간'을 알기 위해 먼저 기상 시간과 취침 시간을 정해야 합니다. 사람마다 이 부분은 차이가 나기 때문에 자신이 최소한 몇 시간은 자야 정신이 맑은지, 몇 시에 일어날 수 있는지를 파악해야 합니다. 저는 중학교 2학년 때 잠을 좀 줄여서 시험 기간에는 새벽 3시쯤 자고 7시 30분 정도 일어나서 학교에 갔습니다. 이 부분은 개인에 따라 달라지는 부분이므로 참고만 하기 바랍니다.

그리고 난 후 학교에서 매일 몇 교시를 하는지 파악하고, 학원은 몇 시부터 몇 시에 가는지, 이동하는 데 얼마나 걸리는지, 밥 먹는 시간, 쉬는 시간을 최대한 고려해서 '공부 가능 시간'을 정합니다. 저는 자투리 시간(이동 시간)을 따로 계산했습니다. 이 시간에 이동하면서 단어를 외울 수도 있어서 이 시간까지 별도로 기록해 놓았습니다.

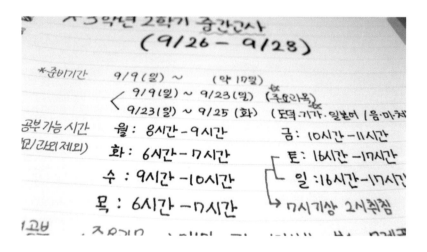

2011년 2학기 중간고사 공부계획표

	월	화	수	목	금	토	일
공부가능 시간	7시간50분	6시간40분	6시간10분	7시간50분	6시간10분	12시간/ 9시간	17시간
자투리 (이동)	45분	45분	45분	45분	45분	25분/ 45분	X

Step4. 과목별 공부 기간을 정해라

제목 그대로 어떤 과목을 얼마만큼의 기간 동안 공부할 것인지에 대해 정합니다. 우선 저는 한 과목을 끝내고 다른 과목을 공부하는 식으로 해서 이 과정을 매우 중요하게 생각했습니다. 국어의 경우 제가 너무 약한 과목이어서 처음 1주일 동안은 국어만 합니다. 이 기간 동안 진도 나가지 않은 부분도 인강을 들으면서 모두 공부하고 문제집도 총정리만 빼고 모두 풀었습니다.

그 후 1주일 정도 사회, 역사, 과학을 공부하고, 그 다음 1주일 동안은 주요 과목을 모두 공부했습니다. 국어, 사회, 과학은 오답노트를 작성하고 영어는 본문 정리, 수학은 문제 풀이를 했습니다. 그 후 4일 정도 암기 과목을 공부한 다음 3일 정도 총정리를 하면 시험 준비 기간이 약 한 달 정도 걸렸습니다.

이 부분은 역시 사람에 따라 다릅니다. 자신이 약한 부분을 더 오랫동안 꾸준히 공부하는 게 중요하기 때문입니다. 제 친구 한 명은 수학이 약해서 수학 내신 문제집을 한 달 전부터 계속 풀어서 시험 기간 동안 문제집 2~3권을 풀었다고 합니다. 여러분들도 약한 과목이 무엇인지 파악하고, 가장 많은 시간을 투자하세요! 그리고 나머지 과목들도 시간이 얼마나 걸리는지 파악해야 합니다.

2011년 2학기 중간고사 공부계획표

10월28일	10월29일	10월30일	10월31일	11월1일	11월2일	11월3일
계획세우기		국어 집중 기간(10월30일~11월5일)				
11월4일	11월5일	11월6일	11월7일	11월8일	11월9일	11월10일
		사회,과학 집중 기간(11월6일~13일)				

11월11일	11월12일	11월13일	11월14일	11월15일	11월16일	11월17일
			국어,사회,과학 마무리(11월14일~18일)			
11월18일	11월19일	11월20일	11월21일	11월22일	11월23일	11월24일
	기가 집중 (11월19일~20일)		한문 집중 (11월21~22일)		도덕 집중 (11월23일~25일)	

11월25일	11월26일	11월27일	11월28일	11월29일	11월30일	12월1일
	예체능 : 음악, 미술, 체육(11월26~30일)					도덕기가 한문
12월2일	12월3일	12월4일	12월5일	12월6일	12월7일	12월8일
음악미술 체육	전체 정리			기말고사 기간		

Step5. 본격적으로 계획표를 짜보자

계획표를 짤 때 저는 워드프로세서로 작성합니다. 틀은 1학년 때 만들어 놓은 것을 그대로 사용합니다(오른쪽 표 참고). Step2에서 조사해 놓은 시험 범위를 그날 공부 가능 시간과 과목별 공부 기간을 생각해서 날짜별로 배분해 놓습니다. 저는 인터넷 강의도 이용하기 때문에 어떤 소단원의 인터넷 강의를 들을지, 그 인터넷 강의는 몇 분인지 계획표에 모두 적어 놓았습니다. 이것은 전체 시험 기간에 대한 공부 계획표이기 때문에 우선순위나 시간을 기록하지 않고, 그 날 할 일만 적어 놓았습니다.

9월14일(수)		9월15일(목)		9월16일(금)		9월17일(토)	
국어 (9월14일~17일)							
생활국어 1단원 정리		국어교과서 정독 3		국어교과서 정독 3		국어교과서 정독 3 국어서술형문제 (인강) 풀기 국어 틀린 문제 확인	
				평가 문제집			
				1-1	5-8		
				1-2	9-14		
				1-3	15-26		
				단원	27-28		
				1단원총	30-33		
				2-1	35-46		
		평가 문제집		2-2	47-52		
인강	9강(37m)	5-1	173-182	2-3	53-58	인강	추가 1강
	10강(53)	5-2	183-192	단원	59-61		7강
	11강(47)	5-3	193-196	2단원 총	62-66		14강
	12강(42)	5단원총	200-204	생국1	192-196		
		생국5	227-231	생국2	197-201		
				셀파	68-77		

9월21일(수)		9월22일(목)		9월23일(금)	
역사 교과서 정독 3 과학 교과서 정독 3		역사 교과서 정독 1 과학 교과서 정독 1		역사 교과서 정독 1 과학 교과서 정독 1 노트 정독 2 오답노트 문제 찝기	
과학 다문항		역사 다문항			
5-1	44-55	5-3~4	149-165		
5-2	56-69	6-1	8-15		
5-3	70-87	6-2~3	16-29	완자 시험대비	
5단원 총	88-90	6-4	30-35	5-3~4	71-75

5 서술형	91-95	6-5	36-41	6	76-90
6-1,2	8-17	7-1	48-53	7-1~2	96-103
6-2	18-27	7-2	54-59	**과학 평가 문제집**	
6-3	28-37	**한끝**		5	102-129
6단원 총	38-39	6-1	8-15	6	130-161
6서술형	40-43	6-2~4	16-23		
		6-5	24-31		
		6단원 총	34-37		
		7-1~2	46-53		

이 계획표를 모두 짠 다음에 매일매일 하루에 공부할 '일일 공부 계획표'를 짭니다. 다음 사진처럼 각 항목당 얼마만큼의 시간이 걸릴지, 또 언제부터 언제까지 할지 적어 놓습니다.

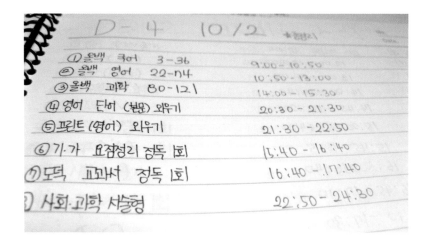

얼마만큼의 시간이 걸리는지 처음에는 알기 힘들어요. 그래서 1학년 1학기 때 예상 시간은 적지 않고, 그 대신 스톱워치를 이용해서 소요 시간

을 기록했습니다. 그 다음 학기부터 1학기 때 기록한 것을 바탕으로 예상 시간까지 기록하였습니다. 처음에는 오차가 크지만 점점 자신이 어떤 공부를 하는 데 얼마만큼의 시간이 걸리는지 파악할 수 있게 됩니다.

Step6. 계획만 짜면 끝? 다음 시험을 위해 반성하라

저는 매일 자기 전에, 오늘 계획표대로 얼마만큼 성취했는지 살펴본 후 스스로 수우미양가로 평가를 내렸습니다. Step3에서 파악한 하루에 공부 가능한 시간과 비교해서 이 시간의 90% 이상 공부를 했으면 저에게 '수'를 주었습니다. 꼭 수우미양가가 아니라도 스스로 자신에게 평가를 내릴 수 있는 기준을 만들면 됩니다.

이렇게 시험 공부 기간에 작성했던 계획표는 시험이 끝난 다음에 더 큰 의미를 갖게 됩니다. 시험 결과가 나오고 내 생각보다 점수가 잘 나오지 않은 과목이 있으면 이 과목에 얼마만큼의 시간을 투자했는지 계획표를 보면 알 수 있습니다. 그러면 이 과목의 경우 다음 번 시험에서는 더 많은 시간을 투자해야 합니다. 이렇게 이번 계획표는 다음 시험에서 새로운 계획표를 짤 때 바탕이 되어 더 효율적으로 공부할 수 있도록 도와 주는 역할을 합니다.

다음 사진처럼 저는 시험이 끝난 뒤 항상 계획표에 석차를 기록해 놓았습니다. 이때는 1학년 2학기 기말인데 국어가 다른 것에 비해 많이 약해서 중간고사 때보다 더 많은 시간을 투자했었습니다. 그랬더니 국어가 20등이 오른 적이 있어요. 이렇게 계획표를 보면서 반성하고 수정해 나가면 틀림없이 더 좋은 성적을 거둘 수 있습니다.

수학 서술형 대비,
교과서로 하자

★ 장혜영 ★

갈수록 서술형 문항에 대한 비중이 커지면서 수학의 경우 사소한 실수로 인해 감점되는 경우가 많습니다. 그래서 시험 전에 수학 서술형 문제에 대한 모범 답안을 보면서 대비를 해야 합니다. 서술형 문제에 대한 모범 답안은 바로 교과서에 있습니다.

수학 교과서를 보라

서술형에서 점수가 감점되지 않으려면 모범 답안을 보고 눈에 익혀야 합니다. 그 모범 답안은 바로 교과서에 있습니다. 학교마다 교과서가 달라서 모든 교과서가 이런 식인지는 모르겠지만, 저희 학교는 수학 교과서에 예제가 있고 그 예제에 대한 답이 있습니다. 단순히 답만 적혀 있지 않고 풀이가 적혀 있기 때문에 이 풀이를 보고 익혀서 시험을 본다면 사소한 것으로 인해 감점되는 일은 없습니다. 특히 단위 때문에 1점, 2점 깎이는 경우가 많습니다. 어느 식에 단위를 쓰고 어떻게 써야 되는지 교과서 풀이를 보면서 꼼꼼히 알아야 합니다.

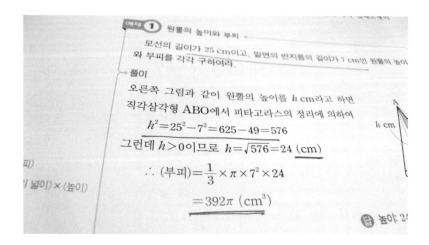

수학 익힘책 문제, 서술형 문제라고 생각하고 풀어라

수학 익힘책 뒤에는 풀이가 있는 답지가 있습니다. 이 답지를 보면서도 서술형 문제에 대비할 수 있습니다. 어느 부분에 단위를 써야 하는지, 꼭 들어가야 하는 식은 무엇이 있는지 파악해야 합니다. 수학 서술형에서 자주 감점되는 경우가 도형에서 변을 표현할 때 기호 표시를 하지 않거나, cm 등의 단위를 쓰지 않은 경우입니다. 다 풀었는데 이런 이유로 점수가 감점되면 아쉽잖아요. 꼼꼼히 챙겨서 시험을 봐야 합니다.

그리고 수학 익힘책 문제 중 몇몇은 답지를 보면서 실제 서술형 답안지라고 생각하고 한 번씩 손으로 모두 써봅니다. 이때도 특별히 신경 써야 하는 부분은 빨간색 펜으로 표시하면서 쓰면 좋습니다.

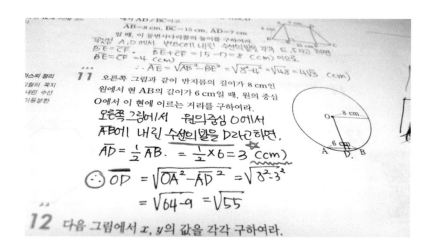

서술형 문항에 대한 비중이 점점 증가하는 만큼 확실히 대비를 해서 사소한 실수로 감점되는 일이 없도록 주의해야 합니다. 객관식을 다 맞아도 서술형에서 감점되어 등수가 확 낮아지는 일이 많기 때문입니다. 모두들 열심히 대비합시다.

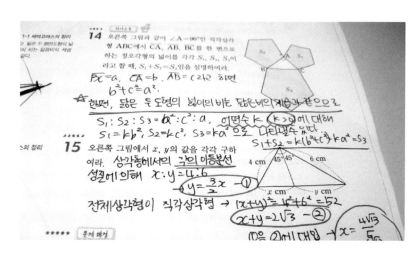

213

시험 대비를 위한
영어 본문 필기

★ 장혜영 ★

영어 시험 공부를 할 때 가장 중요한 것은 본문입니다. 본문에는 시험에 나올 수 있는 모든 문법 내용이 들어 있고, 물론 단어도 많이 있습니다. 본문만 외워도 영어가 70점을 넘을 수 있다는 소리가 괜히 나온 게 아니겠죠? 저는 영어에 대해 기본 실력이 뛰어나지 않아서 내신 공부를 할 때면 본문을 모두 외우고 교과서를 꼼꼼히 보았습니다. 본문 공부를 위해서는 수업 시간에 잘 듣는 것이 중요합니다. 그리고 따로 정리할 기회를 가진다면 더욱 좋겠습니다.

수업 시간, 알든 모르든 모두 적어라

영어 본문과 관련된 학교 수업은 정말 잘 듣고 꼼꼼히 필기해야 합니다. 특히 자신이 아는 내용이라 하더라도 모두 필기하는 것이 중요합니다. 그래야 시험 공부를 할 때 꼼꼼히 할 수 있어요. 영어를 잘하는 친구들이

어도 내신 시험에서 몇몇 문제를 틀리는 경우가 종종 있습니다. 학교 내신과 그냥 영어를 공부하는 것은 조금 다르다고 생각해요. 아는 내용이라도 수업 시간에는 모두 적어두고 공부할 때 어떤 것이 시험에 나올 수 있는 내용인지 살펴본 다음 내가 모르는 내용을 중심으로 공부해야 합니다.

수업 시간, 두 가지 색 펜을 이용해라

저는 영어 필기를 할 때 빨간색 펜과 파란색 펜 두 가지를 이용합니다. 요즘은 형광펜도 많이 이용하는 편입니다. 두 가지 색 펜을 사용해서 필기하는 것은 모든 과목에 거의 동일합니다. 국어와 마찬가지로 빨간색 펜은 내용 정리, 파란색 펜은 문법 정리하는 펜으로 사용합니다. 이렇게 해야 나중에 다시 볼 때도 편하고 공부할 때에도 구분할 수 있어 편합니다. 형광펜을 사용하면 좀 더 눈에 잘 들어옵니다.

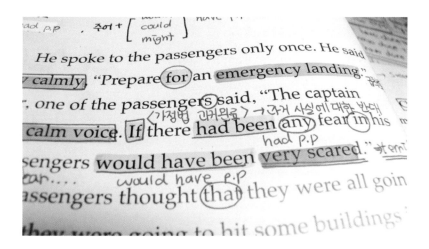

영어 필기를 할 때 공간이 부족한 경우 포스트잇을 이용하거나 빈 공간을 활용해 필기합니다.

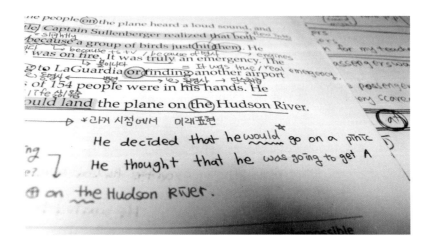

주요 내용 중심으로 해라

저는 2학년 때부터 영어 노트필기를 시험 기간마다 했습니다. 1학년 때 영어 성적이 제일 안 좋아서 2학년 때부터는 꼼꼼히 노트필기를 시작한 겁니다. 노트필기라고 해 봤자 본문 필기 한 번 더 하고, 교과서에 있는 주요 스크립트와 표현을 다시 써 보는 정도입니다. 시험 바로 전에는 이 노트만 보면서 공부할 수 있도록 시험 1~2주 전에 하면 좋습니다.

먼저 교과서에 있는 주요 문장을 적어둡니다. 보통 교과서에는 리스닝 파트가 있는데, 그 부분의 스크립트 또한 교과서 맨 뒤에 나옵니다. 그것을 참고해서 같은 뜻을 지닌 표현도 함께 알아두었습니다.

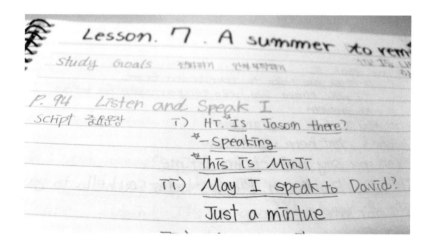

본문 공부는 꼼꼼히

노트에 본문 필기를 한 번 더 할 때 웬만하면 교과서에 필기한 것을 보지 않으면서 최대한 공부한 내용을 중심으로 써 보려고 했습니다. 본문을 공부할 때 본문 내용을 모두 외우는 것도 중요하지만, 관련된 문법이나 동의어를 함께 외우는 것도 중요하답니다. 그래서 저는 시험 전 백지에 본문을 쭉 쓰고 배운 문법과 필기한 내용들을 모두 써봅니다. 그리고는 필기한 것과 비교해서 아직 모르고 있다고 생각되는 내용을 보충하였습니다.

노트에 필기할 때에도 파란색 펜은 문법 내용, 빨간색 펜은 본문에 관련된 내용으로 필기합니다. 저는 문법과 내용 필기를 다른 색으로 하는 게 편하더라고요. 개인적으로 너무 한 가지 색으로만 하면 눈이 아픈 것도 있습니다.

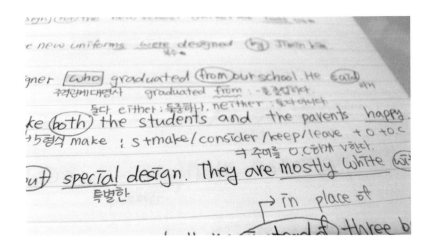

또한 처음에 본문을 한 번 써 볼 때 한 줄씩 빈 공간을 남겨 놓았습니다. 그래야 그 밑에 보충해서 필기하기가 편합니다.

이번 3학년 2학기 중간고사 때에는 본문을 교과서 홈페이지에 가서 프린트한 다음 필기를 했습니다. 역시 문법은 파란색 펜, 내용은 빨간색 펜으로 필기했습니다. 3학년에 올라오면서 본문이 너무 길어서 쓰는 시간이 아까운 이유도 있었고, 본문을 다시 한번 정리할 때까지 본문을 다 외우지 못해서 외우지 않고 교과서를 그대로 쓰는 것은 의미가 없다고 생각했습니다.

이때에도 빈 공간을 일부로 남겨서 뽑았습니다. 워드프로세서에서 다단을 설정할 수 있기 때문에 단을 2개로 나누고 한 쪽은 본문, 나머지 한 쪽은 비워 두었습니다. 그래서 문법적인 내용을 그 빈 부분에 자세히 적어 넣었습니다. 이때는 그냥 검정색 펜으로 필기하고 중요한 것만 파란색 펜으로 필기했습니다.

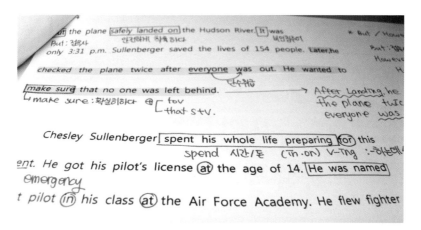

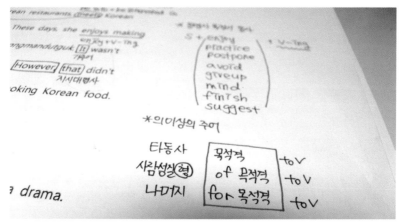

학년이 올라갈수록 영어 시험이 점점 어려워집니다. 영어는 꼼꼼한 사람이 시험을 잘 보는 것 같습니다. 꼼꼼하게 교과서를 보아야 하고, 본문에 포함된 문법 내용과 단어를 빠짐없이 공부해야 하는 이유입니다.

내가 경험한
국어 필기의 모든 것!

★ 장혜영 ★

저는 중학교 1학년 때 국어 성적이 90점을 넘은 적이 한 번도 없을 정도로 국어 과목을 잘 하지 못했습니다. 그래서 항상 시험 기간 중 국어 공부에 가장 많은 시간을 투자하였답니다. 교과서를 5번 넘게 정독하고, 노트에 주요 내용들을 필기하면서 점점 국어 성적이 좋아졌습니다. 국어는 정말 교과서에 나오는 지문들을 꼼꼼히 다 읽어보고 학습 활동도 무시하면 절대 안 됩니다. 저희 학교는 특히 학습 활동에서 서술형 문제가 많이 출제되어서 학습 활동만 따로 노트에 정리하기도 했답니다.

국어 노트, 정리 언제?

국어 노트를 정리할 때 교과서에 필기한 내용은 물론, 문제집이나 자습서에 설명되어 있는 내용, 문제집을 풀면서 틀린 문제에 대한 개념을 합쳐서 노트에 단권화 하기 때문에 시험 1주일 전쯤 하루 동안은 국어만 쭉 정리하는 편입니다. 그 전까지는 교과서만 계속 정독하면서 읽고 문제집 풀고, 그때까지 공부한 내용에서 중요한 것들만 노트에 정리해 둡니다.

국어 노트, 정리 왜?

저는 중학교 1학년 때까지는 국어 노트를 따로 만들지 않았습니다. 책에 대부분 필기하고 틀린 문제와 서술형 문제만 정리하는 정도였어요. 하지만 국어 성적이 잘 나오지 않아 뭐든지 해 보자는 생각으로 국어 노트를 만들기 시작했습니다. 처음에는 뭐든지 다 적으려고 하다 보니 시간만 많이 빼앗기고 별로 효율성도 없었답니다. 하지만 계속 써가면서 어떤 식으로 정리하는 것이 나에게 도움이 되고, 어떤 식으로 해야 시험 성적이 잘 나오는지 알 수 있었습니다. 그 방법을 공유하려 합니다.

① 시 정리 방법

시는 노트에 검은 색 펜으로 본문을 모두 적은 다음, 빨간색 펜과 파란색 펜을 이용해서 정리합니다. 노트에 정리할 때에 교과서에 필기한 내용과 문제집에서 틀린 문제에 대한 개념, 문제집에 추가로 나와 있는 설명을 모두 합쳐서 정리하는 식입니다.

정리할 때에는 나름대로 색깔에 따라 필기하는 내용을 다르게 합니다. 빨간색 펜은 내용을 정리할 때 사용하고, 파란색 펜은 문법적인 내용을 필기할 때 사용합니다. 펜의 색을 다르게 하면 자신이 문제를 풀고 나서 내용적인 문제를 틀리는지 문법적인 내용을 틀리는지 알 수 있습니다.

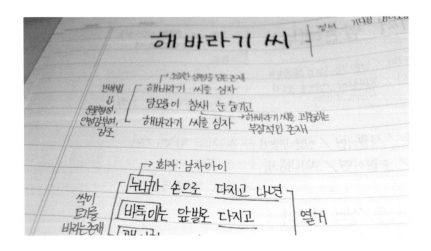

시를 정리한 다음에 교과서에 있는 학습 활동을 따로 정리해 둡니다. 저희 학교는 학습 활동에서 시험 문제가 주로 나오기 때문에 학습 활동에 있는 내용도 정리할 필요가 있습니다.

② 소설, 설명문, 주장글 정리 방법

우선 모든 글을 정리할 때 맨 처음에는 갈래와 성격, 주제, 특징 등 그 글에 대한 기본적인 내용을 정리합니다. 갈래 정리는 모든 글의 시작이기 때문에 아주 중요합니다. 이 부분에서도 문제가 출제되기 때문에 잘 정리하면 좋고, 갈래가 지니는 일반적인 특성을 알아두면 더욱 좋습니다.

그리고 노트에 정리할 때에는 보통 샤프나 연필을 이용하는 편입니다. 펜보다 편해서 빨리 쓸 수도 있고, 저만 알아볼 수 있으면 된다는 생각에 샤프로 필기합니다.

소설의 경우는 시처럼 짧지 않아서 모든 내용을 노트에 정리할 순 없잖아요. 그래서 저는 페이지를 적고, 그 페이지에서 중요하게 필기했던 내용을 정리하는 식으로 하였습니다. 특히 소설은 물체에 의미를 부여하는 경우가 많아서 그런 것들 중심으로 필기하였습니다. 또 만약 어떤 문장에 대해 필기한 내용이 있다면 그 문장을 적고 필기 내용을 추가하는 방식으로 하고 있습니다.

③ 교과서 활동 정리도 필수!

국어 공부를 할 때 눈여겨봐야 될 것 중 하나가 바로 학습 활동입니다. 학습 활동에 나오는 문제들은 내용을 잘 파악하고 있는지 평가할 수 있는 가장 대표적인 문제입니다. 저희 학교처럼 이 부분에서 서술형 문제가 나오는 학교라면 문제와 답을 시험 보기 전에 외워버리는 것도 필요합니다.

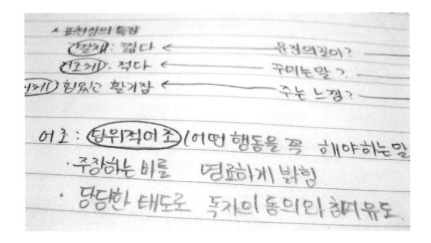

서술형 대비,
국어 노트 만들기

★ 장혜영 ★

갈수록 학교 시험에서 서술형 문항에 대한 비중이 커지고 있습니다. 제가 중학교 1학년 때에는 20%였던 서술형이 중학교 3학년이 되었을 때는 30%까지 확대되었습니다. 20%일 때는 잘 몰랐는데 30%가 되니까 서술형이 내 시험 점수를 까먹는 주요 원인이 되었습니다. 그래서 2학년 때부터 서술형에 대비해서 노트를 정리하였습니다. 국어는 꾸준히 공부하는 것이 제일 좋습니다. 하나하나 차근차근 하다 보면 성적이 분명 오를 겁니다.

서술형 문제를 모두 한 곳에 모아라

우선 문제집에 나오는 서술형 문제를 모두 다 모았습니다. 모은 다음에 모범 답을 달고 노트에 붙였어요. 그 다음 남은 여백에 지문에 대한 내용 정리를 했답니다. 서술형은 문제가 나올 수 있는 부분이 대략 예상이 되기 때문에 문제집에 있는 문제들을 모두 정리하고 나면 시험에는 정리된 것에서 거의 대부분 출제되거나 전부 출제된 적도 있습니다.

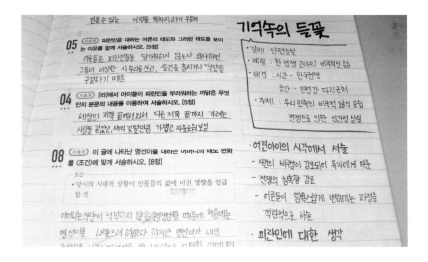

보통 서술형 정리는 시험 보기 1주일 정도 전에 합니다. 그래서 한 두권 정도의 문제집에서 서술형 문제를 가져오고 서술형 노트에 정리한 다음, 총정리 문제집을 풀 때는 실제 시험처럼 모든 서술형에 답을 달아보았습니다.

서술형 정리를 하면서 내용 정리까지 같이 하면 머리에도 잘 들어오고, 한 번 더 복습하는 차원이기 때문에 문제에 대한 답을 암기할 수 있을 정도로 공부가 됩니다. 저는 앞에서 말했듯이 국어 성적이 좋지 않았기 때문에 많은 시간을 투자했고, 서술형으로 예상되는 질문의 답은 거의 외워서 시험을 봤어요. 국어는 지문도 길어서 시험 시간이 빠듯할 수 있습니다. 그래서 어느 정도 예상되는 질문들은 답을 외워서 시험을 보면 시간도 절약되고, 서술형에 나오지 않더라도 객관식으로 나올 수 있기 때문에 도움이 되었습니다.

나올 것 같은 것들은 좀 크게 표시해서 시험 바로 직전 쉬는 시간에 친구들이랑 같이 보면 좋습니다. 쉬는 시간에 앞에서 본 시험에 대한 답을 맞춘다거나 하면 거의 5분밖에 남지 않아요. 그때 보는 정도로는 딱 좋습니다.

시험 전 날 서술형 대비

시험 전 날, 서술형 문제도 대비할 겸 마지막 내용 정리를 해야 합니다. A4지나 연습장을 준비해서 아래 사진처럼 반으로 나누어 왼쪽에 문제, 오른쪽에 답을 적습니다. 문제를 적을 때에는 교과서에 있는 모든 지문에서 문제화 될 수 있는 것을 모두 적습니다. 본문 내용 중에서도 적고, 학습 활동에서도 뽑아야 합니다. 서술형을 대비할 수 있는 것은 물론 마지막으로 내용 정리까지 되기 때문에 다음 날 시험 볼 때 훑어보면 좋습니다. 시험 전 쉬는 시간에 보기에도 딱 좋아요.

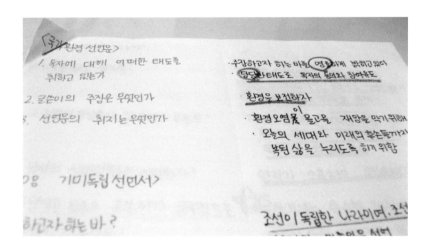

빨간색 색연필 자국은 시험 바로 직전에 친구들이랑 정리하면서 표시한 것인데, 이렇게 정리해 놓으면 시험 직전에 보기 좋습니다.

필기한 내용들을 모두 문제화시켜서 왼쪽에 적어 놓고, 해당하는 답을 오른쪽에 적어 봅니다. 그리고 나서 반으로 접어 답을 보이지 않게 한 다음 문제만 보고 답을 쭉 말하는 식으로 공부하면 됩니다.

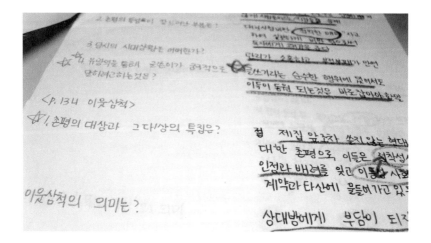

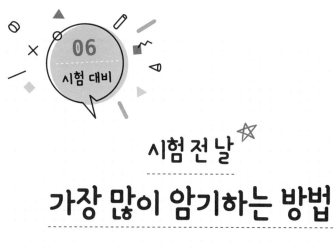

시험 전 날
가장 많이 암기하는 방법

★ 장혜영 ★

시험 전 날 보통 무엇을 하나요? 아니, 시험 당일 날 아침 자습 시간과 시험 바로 직전 쉬는 시간에 무엇을 하나요? 시험 전 날과 시험 당일에 무엇을 마지막으로 정리하느냐가 시험 성적을 가를 수도 있답니다. 저는 시험 전 날에는 그동안 풀었던 문제집들을 다시 한번 쭉 본 후, 교과서를 보면서 시험 당일 볼 것을 정리합니다. 간단히 A4 종이 한 면 정도에 정리를 한 다음 그것을 시험 당일 훑어봅니다.

가장 시험에 나올 만한 것을 적어라

국어, 역사, 과학, 영어는 거의 같은 방식으로 정리를 했습니다. 수학의 경우 딱히 전 날 정리할 내용은 없는 과목이고, 사회의 경우 다른 방식으로 정리해 두었습니다.

정리를 할 때 적어야 할 것은 가장 시험에 나올 것 같은 내용이나 아직도 헷갈리는 것입니다. 쉬운 내용이더라도 꼭 나올 것 같은 내용, 아직도 헷갈리거나 잘 모르는 내용, 암기 과목의 경우 꼭 외우고 시험을 보아야 하는 내용들을 적어 둡니다.

먼저 국어의 경우 선생님께서 중요하게 필기해 주신 내용들 중심으로 적습니다. 실제로 정리한 것에서 서술형 문제가 모두 나왔답니다. 이러한 것들을 시험 바로 전에 본다면 시험을 좀 더 잘 볼 수 있겠죠?

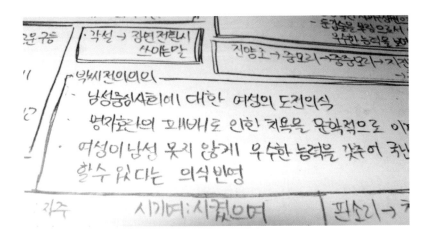

과학과 같은 암기 과목의 경우 꼭 외우고 시험을 봐야 하는 것 위주로 적습니다. 중학교 3학년 1학기 중간고사 때 알짜이온 반응식과 그 앙금의 색이 시험 범위였는데, 그 범위에 있는 외울 것들을 중심으로 적었습니다. 이미 다 외웠어도 막상 시험 볼 때 긴장하면 생각이 나지 않을 수도 있어요. 시험 보기 바로 직전 한 번 더 확인하고 시험 보는 것이 좋습니다.

역사의 경우도 아주 간단하게 내용을 정리해서 딱 아침 자습 시간과 쉬는 시간 10분 동안 볼 내용으로 만듭니다. 정리를 할 때 한 30분에서 1시간 정도 정리하는 것이 좋습니다. 예쁘게 정리하려고 하지 말고 연필로 쓰더라도 정말 자기한테 필요한 내용으로만 필기하는 것이 중요합니다.

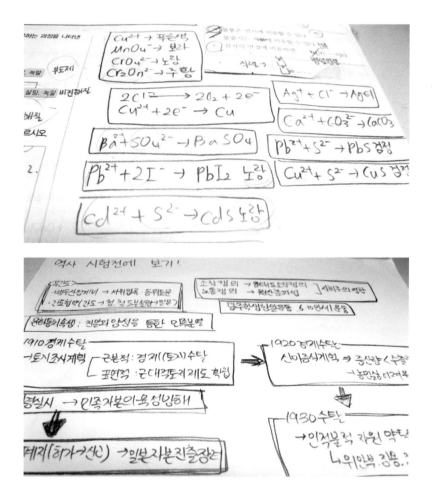

영어의 경우 주요 단어와 문법, 문장을 써 놓습니다. 특히 동의어, 주요 문법, 숙어를 써 놓으면 시험 직전에 볼 수 있어 좋답니다. 또 선생님께서 강조하신 내용도 함께 적어둡니다.

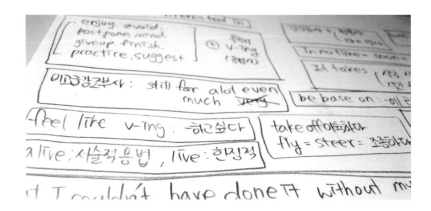

헷갈리는 것을 써 놓아라

꼭 시험에 나올 것과 함께 반드시 정리해야 하는 것이 바로 '헷갈리는 것'입니다. 영어의 경우 숙어나 전치사 같은 것을 시험 보기 직전에 다시 볼 수 있어야 합니다. 시험 문제 중에 전치사 하나 바꿔 놓고 틀린 문장 찾기 등이 나올 수 있기 때문에 본문을 다 외우거나 본문이 아닌 지문에 나오는 숙어나 표현의 경우 정리해 두고 계속 보는 것이 중요합니다.

과학은 나올 수 있는 서술형 문제를 같이 정리해 두면 좋습니다. 서술형 문제에 대한 비중이 커지면서 객관식을 다 맞았다 해도 서술형에서 점수가 감점되는 경우가 많아요. 학교마다 다르겠지만 쉽게 단답형으로 출제하는 학교도 있고 서술형으로 출제하는 학교도 있기 때문에 학교 선생님의 문제 스타일에 따라 준비하는 방법이 조금씩 달라집니다.

하지만 저는 앞에서 얘기했듯이 문제집에 있는 서술형 문제를 모두 잘라서 따로 모아둡니다. 그렇게 문제집에 있는 서술형 문제를 모으다 보면 가장 많이 반복해서 나오는 중요한 문제들이 보입니다. 그런 문제에 대한 답을 본인 교과서에 있는 문장을 이용해서 적어봅니다.

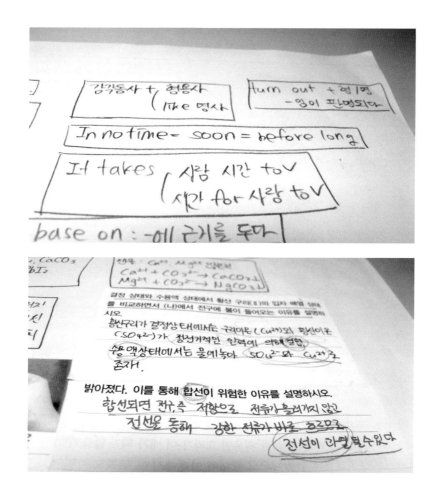

중학교 3학년 2학기 중간고사 시험 범위에 박씨전이 있었는데, 아무래도 고전 소설이다 보니 모르는 단어가 많았습니다. 고사성어도 꽤 있었고, 이 파트에 대해 선생님께서 프린트물도 나누어 주셔서 공부를 꼼꼼히 해야 했습니다. 그래서 중요한 단어들은 적어 두었어요. 또 시조에 있는 옛날 말로 되어 있는 단어 또한 적어 두었답니다.

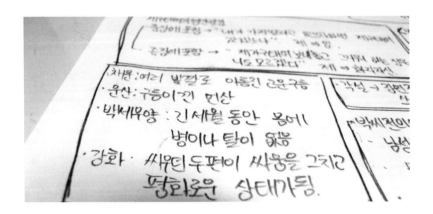

역사 또한 시험 범위가 일제 강점기 시대여서 그런지 1940년대 들어서면서 많은 단체들이 나오는데 이름들이 비슷비슷하고 헷갈려서 시험 보기 직전에 다시 한번 보려고 적어 두었답니다.

이렇게 시험 전에 딱 볼 것만 적어 두는 것은 아주 중요합니다. 시험 전날에는 다시 한번 정리할 기회를 가질 뿐만 아니라 시험 바로 직전에 무엇을 볼지 허둥대지 않고 딱 A4 종이 한 장 보고 시험을 보면 되는 거죠. 교과서를 펴서 빠르게 보는 방법도 좋지만 자신에게 딱 맞게 간추려진 내용을 10분 동안 최대한 자세히 보는 것도 나쁘지 않습니다.

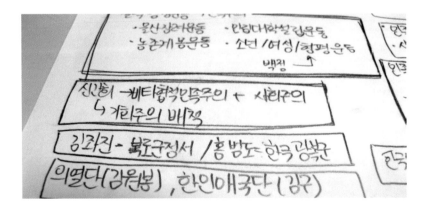

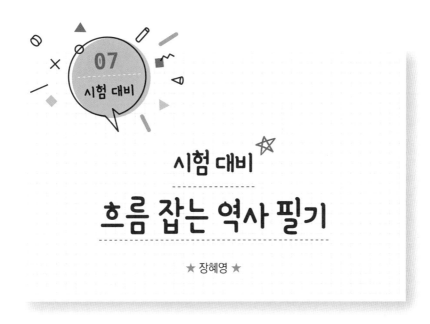

시험 대비
흐름 잡는 역사 필기

★ 장혜영 ★

역사는 무엇보다 흐름이 중요합니다. 사건을 따로따로 아는 것은 의미가 없어요. 흐름을 파악하고 있어야만 공부하기에 훨씬 수월합니다. 어떻게 하면 흐름을 파악하면서 공부할 수 있을까요?

흐름을 파악하는 역사 공부

중학교 역사(하)에서 신미양요, 임오군란, 갑오개혁, 갑신정변, 을미의병, 대한제국 설립, 동학농민 운동 등을 배우게 됩니다. 이 부분을 공부한 사람이라 하더라도 제시된 사건의 앞뒤 순서를 쭉 나열할 수 있을까요? 역사는 흐름이 중요한 과목이라고 생각합니다. 각각의 사건들에 대해 자세히 아는 것뿐만 아니라 여러 가지의 사건들이 어떻게 연결되어 있는지, 어떤 순서로 일어났는지 아는 것도 중요합니다. 저는 역사를 공부할 때 이러한 사건들의 앞뒤 순서에 대해 신경쓰면서 공부하는 편입니다.

235

어떤 식으로 필기할까?

저는 아래 사진과 같이 노트를 반으로 나눠서 오른쪽에는 각 사건의 순서에 맞추어 연도와 사건 이름을 씁니다. 간략한 설명을 덧붙인 후에 왼쪽 부분에 그 사건과 관련된 자세한 내용들을 정리했습니다. 같은 연도에 일어난 사건의 경우 동그라미로 표시해 두어 한 눈에 볼 수 있도록 했어요.

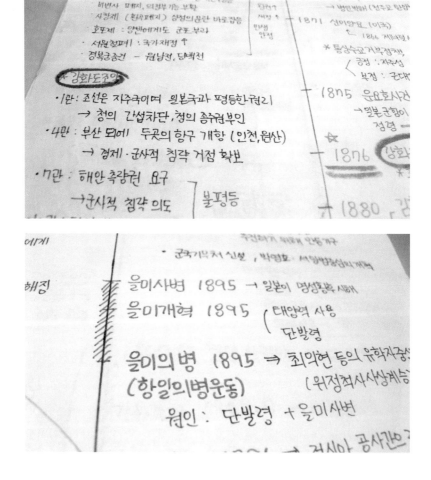

특히 왼쪽에는 어떤 사건이 일어나게 된 배경, 그 사건 전후의 시대 상황, 결과나 의의 등을 정리합니다. 줄 있는 노트가 아닌 A4지나 연습장에 정리하면 그림이나 필기 등을 자유롭게 할 수 있습니다.

이러한 필기는 시험 보기 거의 1주일 전에 마지막 정리로 하는 편인데, 그 전에 하면 진도가 다 나가지 않아서 흐름 위주로 쭉 정리하기 어려울 수도 있습니다. 시험 1주일 전쯤 정리해 두고 자주 보면서 흐름을 익힙니다. 이렇게 정리한 것을 보지 않고 혼자 연습장에 내용과 순서를 쭉 설명할 수 있을 정도로 외우고 시험을 보아야 합니다.

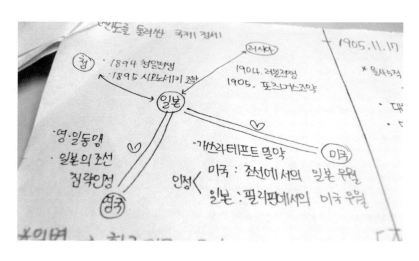

08
시험 대비

암기 과목 단기간 타파의 비밀,
문제 속 개념 찾기

★ 성정은 ★

시험은 항상 중요한 과목만 보는 건 아닙니다. 우리가 생각하기에 중요하지 않아도 내신에 들어가는 엄연히 중요한(?) 과목들이 있습니다. 이러한 과목들은 어떻게 정복해야 할까요? 국영수만 하기도 벅찬데 이런 과목까지 다 정복할 시간이 있냐고요? 비주류 암기 과목! 단기간 타파의 비밀은 문제 속 개념 찾기에 있습니다.

문제 풀이가 끝나면 진짜 공부 시작

시험 문제는 개념을 확인하고 그 개념을 응용하여 얼마나 우리가 개념들을 잘 숙지하고 있는가를 확인하는 것입니다. 그러므로 문제 속에 개념이 있는 셈이지요. 결국 단기간 비주류 암기 과목을 정복할 때는 개념 정리를 간단히(!) 한 후 바로 문제로 넘어가는 게 좋습니다. 문제로 넘어간다는 것은 문제를 푸는 것이 아니라 분석하는 것입니다. 문제를 분석하는 것이 비주류 암기 과목을 정복하는 비밀입니다.

일단 문제를 자신이 아는 한도 내에서 풀어봅니다. 당연히 단기간에 개념을 간단히 정리했으니 문제는 거의 틀릴 확률이 높습니다. 채점을 한 뒤부터 공부는 시작됩니다. 문제 분석에 들어가는 것이죠.

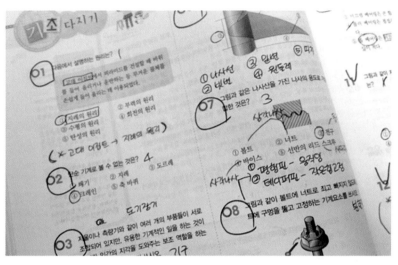

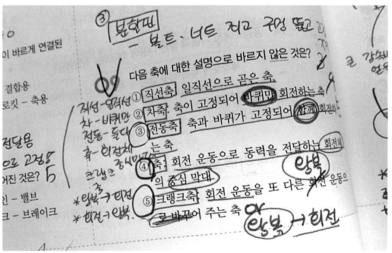

문제 분석 방법

문제 분석은 문제 속에 들어있는 개념을 찾는 것에서부터 시작됩니다. 일단 문제는 크게 두 가지 유형으로 나닙니다. 옳지 않은 것을 찾는 경우와 옳은 것을 찾는 경우입니다. 옳지 않은 것을 찾는 경우 옳지 않은 답을 뺀 나머지는 모두 옳은 문장이라는 얘기죠. 즉, 다 옳은 개념이므로 옳지 않은 개념 하나를 빼고 다른 개념들을 외워줍니다. 옳은 것을 찾는 문제는 그 반대가 됩니다. 마지막으로 옳지 않은 것을 올바르게 고친 후 그 고친 개념까지 외워 주면 됩니다.

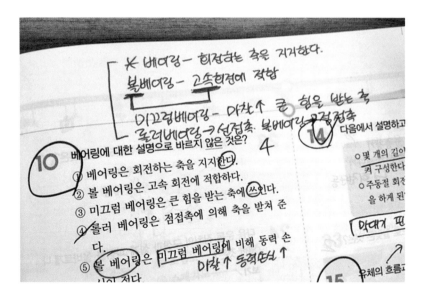

또한 문제와 관련된 개념들을 문제집에서 찾아서 옆에 적어줍니다. 만약 '회전 운동을 직선 운동으로 바꾸어 주는 기계 요소는 무엇인가?'라고 문제가 나왔다면 그에 대한 답인 '판 캠'을 개념으로 외우고, 그와 연관된 개념들도 옆에 필기하여 외웁니다. 캠의 사전적 의미와 판 캠 이외의 캠

종류를 써 주어 관련된 개념을 문제 하나로 다 정리하여 외워 주는 거죠. 그림도 같이 외워야 될 필요성을 느낀다면 간단하게 옆에 그려 주는 것도 좋은 방법입니다.

이렇게 문제가 물어보는 개념을 모두 외우고, 문제가 물어보는 개념과 관련된 또 다른 개념을 가지치기 하는 식으로 필기해 가면서 외워줍니다. 문제 옆에 가지치기 식의 필기를 하는 경우 반드시 색이 있는 펜으로 필기해야 합니다. 파란색이나 빨간색 등등 눈에 띄는 색이면 더 좋습니다. 이렇게 문제 속 개념뿐만 아니라 관련된 개념까지 익히는 식으로 문제 분석을 해 나간다면 단기간에 많은 개념을 익힐 수 있습니다.

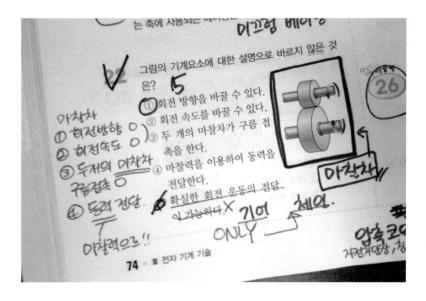

문제 분석을 통한 개념 익히기는 우선 문제에 자주 나오는 개념을 알수 있고, 출제 빈도가 높은 개념을 쉽게 파악해 외울 수 있는 것이 장점입니다. 마인드맵식으로 가지치기를 활용한 문제집 필기 방식이 시험 시간에 개념이 헷갈리지 않도록 도와줍니다. 단점은 문제에 자주 나오는 개념이 아닌 다른 보충 개념이 나올 때 가지치기를 꼼꼼히 하지 않았다면 그 개념 자체를 모를 수 있습니다. 그러므로 보충 개념은 따로 숙지해두는 게 좋습니다.

공부가 안 될 때 도움되는 몇 가지 방법

제 블로그에 방문하는 많은 사람들은 저의 글에 공감을 하거나 필기 팁을 참고하려는 경우도 많지만 공부 자극을 받으려고 방문하는 경우도 많습니다. 제가 공부하는 것을 보고 자신도 공부하려는 의욕을 챙기려는 사람들이 많다는 얘기죠. 그래서 가끔 공부가 너무 안 된다고 자극을 해달라는 분들도 많아요. 이렇게 저를 포함한 많은 학생들이 공부를 매일 하고 싶어서 하는 것도 아니고 그렇다고 공부에 대한 의욕이 매일매일 넘치는 것도 아니죠. 그래도 학생의 중요한 본분이 공부이고 그래서 가장 많은 시간을 할애하고 있는 것도 바로 공부죠. 그래서 어떻게 공부 의욕을 충전시킬 것인가에 대해 잠깐 이야기해 보겠습니다.

자신의 '노트필기' 노트에 목표나 명언 써 놓기
사실 공부할 때 가장 많이 보는 것은 바로 참고서와 노트입니다. 참고서는 자신이 만든 것이 아니지만 노트는 자신의 글씨로 자신의 공부를 위해 무엇인가를 기록해 놓은 것입니다. 이렇게 자신이 만들어 나가는 노트 상단에 자신의 목표나 가슴 속에 새겨둔 명언을 적어두는 것이 공부 자극에 많은 도움이 됩니다. 공부를 하는 것은 자신의 목표를 이루기 위한 것이므로 공부를 하게끔 만드는 것도 당연히 자신의 목표가 될 수 있습니다. 그러므로 공부할 때 가장 많이 보는 노트에 자신의 목표를 써 나가면서 동기 부여와 의욕 충전을 할 수 있으며 그로 인해 공부에 집중할 수 있습니다. 확실한 목표가 없는 경우에는 가슴 속에 새겨둔 명언을 쓰면서 마음을 다잡아도 됩니다.

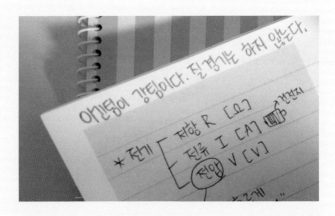

저는 노트 상단에 명언을 적어 놓는 것을 좋아합니다. 한 동안 등수가 내려가면 내려갔지 절대 올라가지 않을 때가 있었어요. 그때 저 스스로 '등수가 제 앞에 있는 아이들은 원래 공부를 잘하니깐 내가 이길 수 없을거야.'라는 마인드가 강했어요. 그러다 '이긴 팀이 강팀이다. 그러므로 질 경기는 하지 않는다'라는 명언을 발견했습니다. 이 명언은 '제라드'라는 축구 선수가 말했던 것입니다. 그는 축구 선수의 관점으로 얘기를 한 것이지만 저는 학생의 관점에서 이 말을 받아들여 보니 강팀이 이기는 팀이 아니라 이긴 팀이 강팀이라는 뜻인 것 같습니다. 제가 등수가 오르면 제 앞에 있던 아이들보다 제가 공부를 더 잘 한다는 의미가 되는 것이죠. 이 말 때문에 예전의 제 마인드가 많이 바뀌었습니다. 그리고 '질 경기는 하지 않는다'라는 말처럼 아무리 공부가 힘들고 성적이 안 올라도 '이미 진 경기는 없다'라는 마인드로 공부를 해 나갔습니다. 이렇게 자신의 잘못된 마인드를 고칠 수 있는 명언을 되새기며 공부 의욕을 충전시키는 것도 좋은 방법입니다.

합격 수기와 실패담을 읽어보자

자신이 공부하도록 자극시키려면 명문대나 좋은 고등학교에 합격한 사람들의 수기를 읽어보는 것도 좋지만 그와는 반대로 실패한 사람들의 이야기를 듣는 것도 좋습니다.

합격 수기를 읽으면 '나도 만약 저런 대학교나 고등학교에 합격하려면 저 사람 정도의 공부 양을 채워야 되겠구나.'하는 생각이 들면서 공부 자극을 시켜줍니다. 반대로 합격하지 못한 실패담을 들어보면 그 사람이 반성하는 이야기가 많이 보입니다. 흔히 '성공하면 성공을 배우지만 실패하면 모든 것을 배운다.'라고 합니다. 그만큼 합격 수기와 똑같이 실패담도 그 사람의 여러 가지 반성을 통해 알 수 있는 것들이 많습니다. 그렇게 실패담을 보면서 '아, 저렇게 하면 안 되겠구나.' 혹은 '나도 이렇게 실패해선 안 되겠구나.'하는 생각이 들어 공부에 동기부여를 주죠. 이렇게 합격 수기와 실패담을 읽으면 공부 의욕을 충전하는 데 많은 도움을 줍니다.

공부 블로그나 카페에 들어가 보기

공부 블로그나 관련 카페 등 공부를 주로 다루는 사이트에 들어가면 나도 모르게 공부에 대한 관심이 생기고 그에 따라 의욕이 충전됩니다. 또한 다른 사람들이 공부하는 것을 보면서 자극도 받아 공부를 열심히 할 수 있습니다. 이렇게 공부 자체에 관심을 갖기 시작하면 공부도 재미있어지고 공부를 하려는 의욕이 생기게 됩니다.

공부할 맛 나게 하는 명언 베스트

"이기는 팀이 강팀이다. 질 경기는 하지 않는다." -- 스티븐 제라드

"진정한 노력은 결코 배신하지 않는다. 평범한 노력은 노력이 아니다." -- 이승엽

"불가능, 그것은 나약한 사람들의 핑계에 불과하다"

"불가능, 그것은 사실이 아니라, 하나의 의견일 뿐이다"

"불가능, 그것은 영원한 것이 아니라, 일시적인 것이다"

"불가능, 그것은 도전할 수 있는 가능성을 의미한다"

"불가능, 그것은 사람들을 용기 있게 만들어 주는 것이다"

"불가능, 그것은 아무것도 아니다" -- 데이비드 베컴

너의 최고는 나의 최저다.

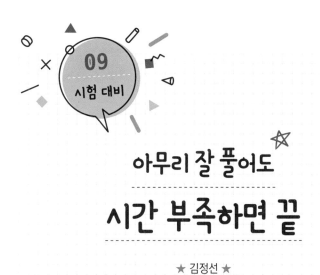

아무리 잘 풀어도
시간 부족하면 끝

★ 김정선 ★

시험 시간이 부족했던 경험

3학년 1학기 기말고사 수학 시험이었습니다. 다른 과목보다 수학에 더 많은 비중을 두고 공부했었기 때문에 스스로에게 기대가 컸습니다. 객관식 문제를 풀어나가면서 모르는 것이 있었지만 나중에 풀어보자는 마음으로 넘기고 서술형 문제도 한 번 쭉 풀어본 후 다시 검토를 했습니다. 객관식 문제를 검토하면서 모르는 문제가 나와도 다시 풀어서 해결하고 이제 서술형 문제를 한 번 검토한 후 답안지에 옮겨 적기만 하면 됩니다. 어? 그런데…. 시험 시간이 곧 끝날 것 같습니다.

종이 칠 때까지 영혼이 나간 것처럼 아무 생각이 나지 않아 다급하게 서술형 답을 적고 난 후 제출했던 기말고사 시험. 결과는 어땠을까요? 급하게 검토하고 답을 작성한 서술형 문제에서 무려 10점이나 깎이는 대참사가 발생했답니다. 처음에 풀 때는 풀이 과정도 완벽하게 맞았는데 급하게 검토하며 작성하는 과정에서 답이 틀려버린 문제도 있었고, 다급한 마음으로 문제를 풀어 내려가다 문제 푸는 중간에서 아예 멈춰버린 문제도 있었어요. 문제 푸는 시간을 측정하며 공부하지 않은 결과입니다.

수학 시험 마지막까지 답안지와 펜을 들고 문제와 씨름하던 경험은 여러 번 있었으나 시험 시간 부족으로 인해 이렇게 심한 타격을 받은 것은 처음이었습니다.

꼭 시간을 측정해 봐야 하는 이유

학교 수업 진도 과정에서 단원 하나가 끝날 때면 제가 꼭 실천하는 공부 방법 중 하나가 '시간 측정하며 문제 풀어보기'입니다.

평소 스톱워치를 이용해 공부 시간을 측정하고 있었기에 스톱워치에 적응하는 시간은 얼마 걸리지 않았습니다. 한 문제, 한 문제를 풀면서 시간을 측정하기도 했고 가끔은 한 장 혹은 두 장 등 일정한 분량을 정해

시간을 측정하며 문제를 풀기도 했습니다.

또한 시험 대비 들어가기 전까지는 항상 노트에 답을 적으며 문제를 풀어 나갑니다. 평소 시험 볼 때 초벌 마킹은 하지 않기 때문에 답을 적는 시간과 마킹하는 시간이 비슷하다는 생각을 하고 답을 적는 시간을 마킹하는 시간으로 계산했습니다. 서술형 문제라는 표시가 있으면 답만 적는 것이 아니라 풀이도 함께 적으며 서술형 대비도 함께 하였습니다.

하나의 대단원 혹은 여러 개의 대단원이 끝날 때면 참고서 부록으로 있는 중간(기말)고사 대비 실전 모의고사를 이용해 총 테스트를 합니다. 역시 시간을 재면서 문제를 풀었고, 한 번에 끝내는 것이 아니라 여러 번의 검토를 한 후 정해진 시간을 최대한 활용하며 테스트를 마쳤답니다. 이후 채점을 해 보고 난 후 어떤 부분이 어떻게 취약하다는 것을 간략하게 분석을 했어요. 분석하지 않으면 그 뒤 비슷한 유형을 같은 방법으로 틀리는 확률이 높기 때문이죠.

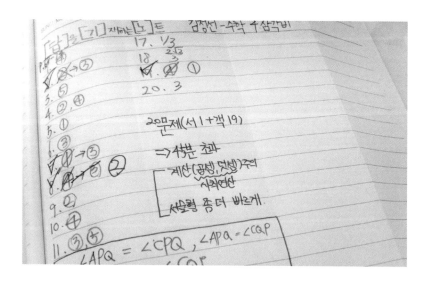

이런 식으로 시간을 정해 두거나 측정하면서 문제를 풀다 보면 실전에서 시간 분배를 한 후 문제를 풀기 훨씬 수월할 뿐만 아니라 문제 푸는 시간도 점점 단축시킬 수 있답니다.

만약 자신이 수학 시험을 볼 때 매번 시간이 부족하고, 시간을 의식하며 문제를 풀어 많은 실수를 범하게 된다면 스톱워치로 시간을 측정하거나 시간을 정해 둔 후 문제를 풀어보며 실력을 길러 보는 것이 어떨까요?

시험 끝나고
다시 시험지를 펼쳐라

★ 김정선 ★

앞에서 여러 번 '분석'하는 것에 대해 언급을 했습니다. 시험이 끝나면 반드시 해야 할 일이 바로 '분석하기'입니다. 자신의 이번 시험 대비 공부에 대한 분석을 통해 반성도 하고 더 효과적인 방법에 대해 생각해 보는 시간을 갖는 것이 시험이 끝난 후 첫 번째로 해야 할 일입니다. 그렇다면 지금 시험지를 펼쳐 볼까요?

문제를 틀리는 이유에 대해 알아야 한다

가채점을 하고 난 후 틀린 문제를 쭉 살펴보면 '아!' 하고 탄성을 내뱉게 되는 문제들이 몇몇 있습니다. 틀린 이유를 모르겠어서 교과서를 뒤적이게 만드는 문제도 있을 것이고, 왜 틀렸는지 납득이 가면서 고개를 끄덕이게 되는 문제도 있습니다. 그럼 우선 '아!' 하고 탄성을 내뱉은 문제들을 분석해 볼까요?

누군가에게 이 분석 과정은 선생님의 시험 문제 출제 방식을 교과서와 비교해 보며 어떤 식으로 문제를 출제하시는지 알아보는 과정일 수도 있습니다. 하지만 저에게 '분석'은 단순합니다. '내가 왜 이 문제를 틀렸지?'라고 자신에게 물어본 후 답을 찾으면 제 '분석'은 끝입니다. 즉, 문제에 대해 틀린 이유를 찾는 것이죠.

틀린 이유에는 여러 가지가 있습니다. 공식을 잊어버려서, 개념을 잘 이해하고 있지 않아서, 긴장으로 인한 실수, 시험 시간에 졸았다 등등 정말 다양합니다. 그리고 이런 식으로 틀린 이유를 꾸준히 분석하고 기록해 나가다 보면 공통점을 찾을 수 있습니다.

국어는 문제 지문 잘 읽기, 수학은 실수 혹은 사칙연산, 사회나 역사는 암기 부족, 과학은 실험 정리, 영어는 문법 내용, 기술·가정 등의 기타 과목은 공부 시간 부족 등등 내가 시험 대비 공부를 할 때 꼭 명심해야 하는 행동들이 추려집니다. 이렇게 자신이 왜, 어떻게 틀리는지 파악했다면 꼭 기억했다가 고쳐야겠습니다.

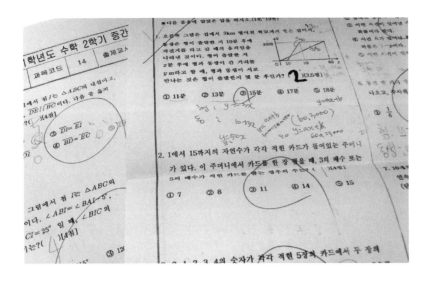

반성해야 달라진다

틀린 문제를 분석하고 기록하며 자신을 되돌아보는 것도 문제를 푸는 데 많은 도움이 됩니다. 그리고 전체적인 시험 기간을 되돌아보며 자신이 잘한 일, 잘못한 일 등을 기록해 보는 것은 자신의 생활 및 공부 습관을 변화시켜 줄 수 있습니다. 저는 이때 시험 공부를 하며 느꼈던 사소한 내용도 빠짐없이 기록하려고 노력합니다. 시험 공부 방법, 혹은 시험에 임하는 태도 등을 노트에 기록해 두고 자주 펼쳐본답니다. 그리고 다음 시험 계획표를 만들 때 나쁜 습관들을 고치기 위해 이렇게 정리한 내용을 참고합니다.

제대로 공부를 시작하기 위해 마음을 잡았다면 우선 종이 한 장에 자신이 그동안 공부하고 있었던 것, 그리고 앞으로 공부할 것, 현재 자신의 나쁜 생활 습관이나 공부 습관 등을 작성해 보세요. 천천히 작성해 본 다음 이제 이것을 어떻게 바꿔 나갈 것인가, 어떤 목표를 세울 것인가를 생각하고 책을 편다면 공부를 시작하는 느낌이 다를 겁니다.

어떠한 일을 하기 전이나 하고 난 후에는 반드시 '분석'을 함으로써 시행착오를 좀 더 줄일 수 있습니다. 자신의 스타일에 맞게 자신을 돌아보거나 여러 가지 문제점들을 분석하고 난 뒤 다시 시작해 봅시다.

이럴 땐 어떡하지? 공부가 하기 싫어요!

공부를 하는 도중 갑자기 머릿속에 잡생각들이 생기면서 공부에 집중할 수 없을 때가 있습니다. 어느덧 연필을 놓아버리고 책상에 앉아있던 자세는 흐트러집니다. 책상에 앉아 멍 때리거나 휴대폰을 만지작거리며 시간을 보내 버립니다. 잠자기 전, 하루를 되돌아보면서 '도대체 왜 공부하지 않았을까? 왜 숙제를 하지 않았을까?' 하는 후회만 남습니다. 이러한 일들은 대부분의 학생들이 한 번쯤은 겪어보았을 겁니다. 이럴 땐 어떻게 다시 다잡아야 할까요?

공부가 하기 싫다면 반드시 어떠한 이유가 있습니다. 기쁘거나 슬픈 감정을 조절하지 못해 하루 공부를 아예 놓아버리는 경우도 있고, 잘 해나가다 친구의 문자 한 통에 연필을 바로 놓아버리고 문자를 이어 나가는 경우도 있죠. 공부 하다가 갑자기 잠이 온다는 이유로 책상에서 나와 침대에 누워버릴 수도 있고 학교 생활을 열심히 해 너무 피곤하다는 이유로 놀아버리기도 합니다.

아무 이유 없이 '공부가 안된다'라는 생각을 가질 때도 있지만 곰곰이 생각해 보고 자신의 심리, 감정 상태를 돌이켜 보면 반드시 사소한 이유라도 있습니다. 이렇게 공부가 하기 싫을 때가 너무 많은 경우 공부와 멀어지고 공부에 흥미도 없어지게 됩니다.

만약 저에게 이런 하루가 찾아왔다면 어떻게 할까요? 저는 그날 참고서를 펼치지 않습니다. 물론 기본적인 숙제는 해결합니다. 하지만 다른 책들은 전혀 펼치지 않아요. 대신 노트나 연습장을 하나 꺼내봅니다. 그리고 답답한 마음이 사라질 때까지 하고 싶은 말을 적어보고 마음껏 낙서도 해요. 이렇게 노트 한 장을 꽉 채우고 나면 답답한 마음은 어느 정도 풀립니다. 그렇다면 이제 다시 펜을 들고 공부를 하냐고요? 아닙니다. 펜을 들고 자신이 현재 공부하고 있는 양이나 공부 방법 등을 적어 봅니다. 대부분 피곤하거나 잡생각이 많아 공부가 안된다는 이유가 있지만 근본적인 이유는 자신의 공부법에 문제가 있을 수 있습니다.

영어 단어는 매일 다음 날로 미뤄 현재 외워야 할 단어가 처음보다 몇

배는 더 많아져 있습니다. 또한 한 가지 계획만 너무 신경 써서 해결하다 보니 남은 계획들은 다음 날로 미루어 버리는 등 여러 문제점이 보입니다.

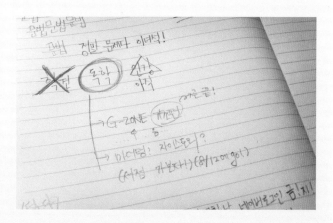

자신의 공부법에 문제가 있다면 그 문제를 고치는 방향으로 생각해 봐야 합니다. 자신의 목표에 대해서도 한 번 더 생각해 보고, 자신이 하루에 공부할 수 있는 양 등을 고려해 전체적인 계획과 세부적인 계획에 대해서도 다시 생각해 보는 것이 좋아요.

특히 공부가 하기 싫다고 해서 하루 종일 놀아버리는 것보다 차라리 자신의 공부 방법에 대해 다시 한번 점검해 보는 것이 훨씬 발전적인 방향입니다. 자신의 최종적인 목표나 더 큰 목표를 새롭게 만들어 다시 되새겨 보는 것도 훨씬 더 보람 있게 보내는 방법입니다.

그러나 반드시 명심해야 할 것이 있습니다. 1주일에 한 번, 혹은 3일에 한 번 꼴로 공부가 하기 싫다면 매일매일 자신이 할 수 있는 계획을 좀 더 세분화시켜 꾸준히 달성할 수 있도록 수정함으로써 공부에 대한 자신감과 의욕을 높이는 것이 훨씬 좋습니다. 즉, 하루에 자신이 성취할 수 있는 적절한 계획을 세워 그날 모두 성취할 수 있는 것이 공부가 하기 싫은 이유를 미리 차단하는 좋은 방법이 될 수 있습니다.